U0749176

大夏书系·教育新思考

范式的转移

中考改革论

杨九诠◎著

华东师范大学出版社

ECNUP 上海著名商标市 全国百佳图书出版单位

图书在版编目（CIP）数据

范式的转移：中考改革论/杨九诠著. —上海：华东师范大学出版社，2013.6

ISBN 978-7-5675-0926-9

Ⅰ. ①范... Ⅱ. ①杨... Ⅲ. ①高中—入学考试—教育改革—研究 Ⅳ. ①G642.474

中国版本图书馆 CIP 数据核字（2013）第 140840 号

大夏书系·教育新思考

范式的转移：中考改革论

著　　者	杨九诠
策划编辑	李永梅
审读编辑	朱　颖
封面设计	戚开刚
责任印制	殷艳红

出版发行　华东师范大学出版社
社　　址　上海市中山北路 3663 号　邮编 200062
网　　址　www. ecnupress. com. cn
电　　话　021 - 60821666　　行政传真　021 - 62572105
客服电话　021 - 62865537
邮购电话　021 - 62869887　　地址　上海市中山北路 3663 号华东师范大学校内先锋路口
网　　店　http://hdsdcbs. tmall. com/

印 刷 者　北京密兴印刷有限公司
开　　本　710×980　16 开
印　　张　14
插　　页　1
字　　数　163 千字
版　　次　2013 年 9 月第一版
印　　次　2013 年 9 月第一次
印　　数　6 100
书　　号　ISBN 978-7-5675-0926-9/G·6644
定　　价　32.00 元

出 版 人　朱杰人

（如发现本版图书有印订质量问题，请寄回本社市场部调换或电话 021-62865537 联系）

目录

Contents

中篇　政策研究

下篇 测评工具研究

序

中考改革，是基础教育阶段深化课程改革、全面实施素质教育的关键环节，是促进教育公平，提高教育质量的重要举措。中考，包括初中升学考试和普通高中招生两个部分。就全国的教育实践看，升学考试同时兼具毕业考试的任务和功能，这就是通常所说的"两考合一"；国家和地方有关中考的教育文件，一般也将毕业考试纳入政策范围。我们将中考改革定义为基于我国中考现状的有目的和有意义的转变。这是一个综合性的、全面的，当然也是更真实的定义。而一般情形下，我们将中考改革主要理解为一种教育制度变革，即如文件表述的："中考改革""即初中毕业生学业考试与普通高中招生制度改革"。这是由教育—基础教育—义务教育的特殊性决定的。如果我们将中考改革体系中"特别重要的承诺抽出来"，组成"子集"，那就是政策。这也是本书专辟一篇研究中考政策的原因。作为"基于我国中考现状的有目的和有意义的转变"，中考改革必然表现为范式的转移，也就是从"应试教育"范式向素质教育范式的转移。用政策的语言表述就是，中考改革应"有利于突破'应试教育'的模式，建立科学的评估体系，推进素质教育"。

本书分三篇：上篇理论研究，中篇政策研究，下篇测评工具研究。范式转移研究，是本书大纲细目的基本叙述框架。上篇理论研究部分，基本上是"应试教育"范式与素质教育范式两面相对，从本体论、认识论、方法论三个维度对中考改革进行了理论思考。中篇政策研究，聚焦顶层设计，列举中考改革以来八份主要的政策文献，梳理其沿革，辨析其维新，彰显中考改革从"应试教育"范式向素质教育范式转移的政策变革和制度变革。下篇测评工具研究，采取改进性研究策略，试图立足教育实践的现实，着眼于素质教育范式，对测评工具的优化提出可资操作的建议。需要说明的是，下篇中对综合素质评价的改进性研究策略，并不是基于教育实践的现实，而是基于要求形成"突破"的理论期待、政策愿景和实践探索。综合素质评价不能局面大开、格局大变，中考改革要取得全面而深刻的进展和成就，真正完成从"应试教育"范式向素质教育范式转移，殊非易事。所以，综合素质评价，不只是下篇关注的要点，也是本书关注的重要内容。

上篇、中篇、下篇，研究的对象不同，使用的语言也不一样，甚至可以说，三个部分三种"腔调"。理论研究，属于学术语言；政策研究，属于政策语言；测评工具研究，属于实践语言。这三种语言的差异，在写作初期显得格外分明。写作开初基本是三个部分齐头并进，因此它们之间难免会有文字互相移位的现象。对移位的文字进行调整后，发现多少都会出现上下文文意与辞气俱为不畅的情形。这实在是有趣的现象。这促使我思考，所谓学术语言、政策语言和实践语言，不特为一般意义上的语言差异，更是研究对象和研究者立场的差异——这里的"立场"，既是指视角的，也是指观念的，说到底，就是实践境遇的不同——这里的"实践"，是指更广泛意义上的人的"自由的自觉的活动"。这大概也是本书上中下三篇的语言风格，从倾向于思辨的语言到倾向于体制性语言再到倾向于操作性的显得"匠气"的语言的原因。三个部分，存在解释学的关系，即存在对话的关系，但它们是不等质、不同质的。正因为不等质、不同质，才有了对话的必要和对话的可能。正是因为这样的认识，我在写作中，保持了三种立场。在这三种立场中自我对话的同时，我也坚信应该各自保持立场，以免说"不着调的话"。我甚至相信，三种语言，表征着三种实践境遇及其任务、目标乃至品格与气质：学术语言，追求"圣者"之境；政策语言，追求"贤者"之境；实践语言，追求"智者"之境。这是写作本书时的一点感言，附识于此，以求同声。

还要说明的是，本书源自中央教育科学研究所 2010 年度基本科研业务费专项基金项目"基于中考改革的学业成就评价范式转型的研究"（课题批准号：GY2010053）。具体研究时发现，仅限于学业成就评价，很难把问题说开说清，便渐行渐远，成了现在这个样子。在写作过程中，时时觉得学力不逮，平弱乃至错误的地方一定不少，恳请诸位方家不吝赐教。

是为序。

杨九诠
2012 年 10 月于中国教育科学研究院

上篇 理论研究

第一章 事实、概念及其定义

一、中考，是指初中毕业考试和初中升学考试以及
普通高中招生录取工作

中考改革是基础教育阶段深化课程改革、全面实施素质教育的关键环节，是促进教育公平，提高教育质量，努力办好让人民满意的教育的重要举措。根据《中共中央国务院关于深化教育改革全面推进素质教育的决定》和《国务院关于基础教育改革与发展的决定》的要求，国家采取了一系列举措，不懈地推进中考改革，取得了普遍性的成效。如果从1998年进行的语文学科考试改革试点算起，中考改革已经15个年头了。从政策的视域看，中考改革基本完成了一个周期。说它是一个周期，前后有两个标志性的事件。于前，是1998年4月10日教育部下发了《关于中考语文考试改革试点工作的指导意见》（教基司〔1998〕9号）；于后，是2011年12月28日下发的，要求2012年秋季执行的《教育部关于印发义务教育语文等学科课程标准（2011年版）的通知》（教基二〔2011〕9号）。

中考，是初中毕业升学考试的简称，顾名思义，由初中毕业考试和初中升学考试两部分构成，也就是说既是初中毕业学生的学业水平考试，也是高一级中学选拔学生的考试。这里的种加属

差的定义法，主要还不是性质定义，而是功用定义，即用于毕业或用于升学，在定义中，是以用定体而非以体定用，也就是说，作为功用定义，如果用途和功效发生调整和变化，概念的内容和性质也将随之发生变化。比如说，中考作为高一级中学选拔学生的考试，与职业高中是什么关系？理论上说，政策上说，是有关系的；而且，职业高中录取学生时还是要依据中考成绩的，也就是说我们可以将职业高中列为"高一级中学"，但事实上，我们一般还是将"高一级中学"理解为普通高中。还有，人们普遍持有这样的看法——"中考失利的出路：可选职业高中，中专技校"①，那么，从中考的用途和功效看，与职业高中就是不相关的，甚至是负相关的。回过来看，现行的中考的内容和功能对职业高中招生也确实缺乏必要的效度和信度的解释力。从以用定体的角度看，如果中考对职业高中招生的用途和功效发生调整和变化，中考概念的内容和性质也会相应地发生变化；从社会经济发展需求和人的全面发展要求看，我们期待能够实质性地发生这样的变化。我们这里如此申述，是基于中考的实际情况，进一步言之，是基于教育的实践品格。因之，我们必须暂时对中考这一概念，再作必要的"事实就是这样"的说明：第一，从普遍实行的毕业考试与升学考试"两考合一"的实际情况出发，与其说中考包括毕业考试与升学考试两部分，不如说中考兼具毕业考试与升学考试两种功能；第二，无论是两考合一还是两考分离，从政府、社会、学校、教师、家长、学生等等倾心倾力的方向和力度看，升学考试无疑是主体和重点，毕业考试只是附于其后；第三，升学考试与普通高中招生只是一项任务的不同流程，不可分割，俱为一体，

---

① http://edu.online.sh.cn/education/gb/content/2010-06/30/content_3582406.htm

所以，讨论中考而言及普通高中招生，不是顺手捎带、顺路搭车，而是中考这一议题中的应有之义，而且是极其重要的内容。这样，我们要讨论的中考，就是指初中毕业升学考试，尤其是初中升学考试及与之关联的普通高中招生工作。必须重申的是，如前所述，这只是"暂时"的阐述，中考的概念，必然要随着功用的变化而变化。我们希望，这样的变化，是基于改革的变化，呈现出的是政策与实践都有迹可循的变迁。

二、中考改革，是指基于我国中考现状的有目的和有意义的转变

中考改革，是指基于我国中考现状的有目的和有意义的转变。这一阐述，是依据美国教育改革理论专家哈维洛克（R. G. Havelock）对"教育改革"的定义："教育改革就是教育现状所发生的任何有意义的转变"。[①] 首先，教育改革要以"教育现状的变化"为判定标准。无论意愿上有多好的期待，理论上有多好的构想，如果不引起教育实际现状的变化，都不能称之为教育改革。其次，教育改革是以"有意义的转变"为标志的，也就是说，教育改革有着显见的具体效应或结果，意味着教育的最初状态与以后状态的明显不同。当然，其具体效应或结果可能是正效用正价值，也可能是负效用负价值。在这里我们补充了一个"有目的"，强调的是教育改革，自然也包括中考改革，是人类有计划、有目的的改造教育的自觉行为。不经意的偶然得之与意外得之，就其本身而言都不应算是改革行为，除非通过反思的方式予以追认，而一经反

---

① 冯建军，教育转型：内涵与特点 [J]，教育导刊（上半月），2011，（9）.

思它已然目的化了。"有目的"这一点非常重要，不仅是"中考改革"概念定义的应有之义，也使我们在这里对"中考改革"这一议题的讨论成为可能——只有基于我国中考现状、基于有目的、基于有意义、基于转变，对象才能抓得住，问题也才能说得清，否则自为自在斑驳不纯，对象与问题就沉浮于明暗之间，无从说起，无从说开，也无从说清。

中考改革，定义为"基于我国中考现状的有目的和有意义的转变"，大大拓展了中考改革的理论视域和实践场域。首先，中考改革是一项庞大的系统工程。理论研究，固然可以攻其一点，但不能因之而不及其余。工作推进，当然要重点突破，但必须以整体推进为前提。从大的方面说，可以通过政策、学术、实践这三个维度来观察、研究和工作。但是，事实比这还要复杂得多；或者说，事实比这还要丰富得多。复杂也罢，丰富也行，都是"基于我国中考现状的有目的和有意义的转变"内涵与价值的应有之义。比如说，"社会"就是一个重要维度。社会对中考改革的关注与干预是显而易见的，这种干预，在效应或结果上表现为干扰与促进两个方面，完全符合"中考现状"、"有目的"、"有意义"、"转变"这四个要素。顺着这个思路，从不同方面、不同层次看，还可以条列出许多。比如说，不同的普通高中在招录环节上不同的利益考量，就是一个极其复杂的问题。中考改革，必须综合统筹各个方面、各个环节，整体设计，全面推进。事实也说明，单线、单面去对待，工作推进就会困难重重。其次，中考改革主体是多元的，不是某一类特定人群的事，就像我们经验上、习惯上通常认为的中考改革主要是政策制定者的事，余者不是旁观者就是配角。主体多元，带来的是认识的多元、价值的多元、需求的多元、利益的多元，对中考改革"那边招骂，这边叫好"① 的现象，可谓是见怪不怪，司空见惯。有些主体的身份是模糊的，或者说是笼统的，比如说"社会"，某个人或某个团体都很难说能代表"社会"，但这个主体的身份很重要，能量相当大，其身份表达和能量表现的主要形态是"社情"与"舆情"，而"社情"、"舆情"在改革的特定时期往往很难自动聚合成主调，更多时候呈现出的是在立场与利益上歧见丛生的状态。这样看来，中考改革的理论研究和工作推进所面临的问题就异常复杂了，政策于此企图一言九鼎极有可能会在追求简便的同时带来政策风险。有些主体的立场与利益是含糊的，甚至是混乱的，本身缺乏自组织性，但极容易先入为主地被组织到别的特定的主体中，这也就是俗语说的见风是风、见雨是雨；尤其在现代的媒介社会，那些处于含糊状态的立场和利益很容易貌似心甘情愿实则不由自主地成为作料被摄取到别的有着标签的立场和利益的阵营，发酵、聚核，形成应该那样与事实这样的悖论，形成民调与民意的驳离，构成我们不得不正视的媒介景观，这从网络上家长、学生大量的发帖和跟帖可以看出。由于中考的高利害性，各种不满的言论和行为屡见不鲜，平心而论，有不少是政策出了问题，或者是有好的政策但执行不到位甚至是悖政策而行，但也有不少，类乎我们说的含糊的立场与利益被组织化、被放大化。总之，中考改革是一项庞大而复杂的系统工程，不是单门独院的事务，需要在社会综合治理的视野中整体规划、统筹兼顾、有序推进。

一般情形下，我们将中考改革主要理解为一种教育制度变革。即如文件表述的，"中考改革""即初中毕业生学业考试与普通高

---

① 中国青年报，2012.01.05.

中招生制度改革"①。教育制度变革的主要形态是教育政策的制定与执行，主体主要是教育行政主管部门及其体制框架内的具有隶属、指导关系的科层主体。参与政策制定的主体也是多元的，包括学术身份、实践身份、行政身份等等，尤其是现代法治的审议制民主制度的执政理念和操作规程逐步融入我们教育政策制定过程中，主体更是日趋多元。但是，作为政策颁发者的主体只有一个，就是该级教育行政主管部门，其他主体在制度层面处在机制性的工作邀约和工作规程中，而不是体制性的权责主体。在制度层面上具有体制性权责的决策者们，最终对政策"文责自负"。也就是说，如果在将中考改革理解为"基于我国中考现状的有目的和有意义的转变"的基本认识下，再将中考改革主要理解为一种教育制度变革，也是没有太大疑义的。教育的"公益性和普惠性"原则，义务教育的"适龄儿童、少年必须接受"、"国家必须予以保障"的法律规定以及"公益性"原则，也都决定着中考改革的顶层设计主要体现为政策的制定。政策具有顶层决定性。同时，作为顶层设计，政策还具有整体关联性，是整体理念的现实化与实现化。那么，中考改革的政策也需要在"基于我国中考现状的有目的和有意义的转变"这样的宽博的理论视域和实践场域中，以整体观、系统观，对各主体和要素进行配置和组合，确定改革的方向和内容，设计实施的路径和策略。究其实，这也是决策科学化、民主化的要求。检视各级行政部门出台的中考改革政策出现的各种各样的问题，许多都是因为我们的顶层设计过重地倾向于身处顶层者的设计，对其他主体和要素兼顾不周，统筹不力。

---

① 教育部关于深入推进和进一步完善中考改革的意见（教基〔2008〕6号）

三、中考改革的范式转移，就是"应试教育"范式向素质教育范式的转移

中考改革，既然说到"改革"，总是指向旧制度和旧事物，期待引出新制度、新事物。"基于我国中考现状的有目的和有意义的转变"的定义，涵盖了中考改革的革旧维新的要义。而当改革到了政策推动的阶段，说明已经进入了整体事态和整体理念必须发生变革的程度。这样的程度，我们可以从整体理念的角度予以说明，亦即中考改革进入了范式转移的阶段。

范式（paradigm）的概念和理论是美国著名科学哲学家托马斯·库恩（Thomas S. Kuhn）提出并在代表作《科学革命的结构》（*The Structure of Scientific Revolutions*）中系统阐述的，它指的是一个共同体成员所共享的信仰、价值、技术等等的集合。库恩对科学发展持历史阶段论，认为每一个科学发展阶段都有特殊的内在结构，而体现这种结构的模型即"范式"，指常规科学所赖以运作的理论基础和实践规范，是从事某一科学的研究者群体所共同遵从的世界观和行为方式。一个稳定的范式如果不能提供解决问题的适当方式，它就会变弱，从而出现范式转移（paradigm shift）。按照库恩的定义，范式转移就是解释中的激进改变，是新的概念的建立，科学据此对某一知识和活动领域采取全新的和变化了的视角。通常，范式转移是一个由某一特别事件引发的过程。所谓特别事件是指在现有范式中被证明是反常事件的增加。为了纠正问题，决策者需要在旧有范式内进行有限目标和优先程度的校正。如果这些校正不能奏效，就会出现政策失败（policy failure），进而打击旧的范式，促使人们去寻找新的范式，促进向新的范式的转移。在库恩看来，范式是一种对本体论、认识论和方法论的基本

承诺，是科学家集团所共同接受的一组假说、理论、准则和方法的总和，这些东西在心理上形成科学家的共同信念。尽管库恩只将范式理论主要用于科学、科学史、科学家，但范式理论已被广泛用于各个领域，包括哲学社会科学，也包括政治、经济，甚至包括企业管理，成为人们讨论变革的共同话语。特别要指出的是，库恩也非常严肃地将范式概念用于教育，当然主要用于讨论科学教育①。范式概念的这样的可塑性，应该说出乎库恩本人的预料，让他很是苦恼。库恩在《科学革命的结构》之后的思考中，对范式的概念不断加以限制，而限制的基本路径就是让范式这一概念不断落地，通过"低一级"②来解释范式，强调"范例"可以作为"范式"在"第二种更基本的意义上"的"新名称"③。这，一方面使范式概念，不局限于，或者说不是习惯使用的那样局限于宏大叙事；另一方面使范式概念，不局限于，或者说不是习惯使用的那样局限于像哥白尼学说、达尔文主义那样的"革命性"事件。本文引用范式这一概念和理论，一方面是方便阐释，因为"范式"已然是人们讨论变革的共同话语；另一方面，范式理论给我们提供了看待问题的维度和讨论问题的切口。比如说，我们的"基于我国中考现状的有目的和有意义的转变"的定义，就完全可以在范式话语中展开阐释和研讨，而不只是将范式概念处理为凌空的形而上的哲学概念。再进一步说，库恩在讨论教育教学和教

① 参见：[美]托马斯·库恩，必要的张力——科学的传统和变革论文选 [M]，范岱年、纪树立译，北京大学出版社，2004.
② [美]托马斯·库恩，必要的张力——科学的传统和变革论文选 [M]，范岱年、纪树立译，北京大学出版社，2004：289.
③ 同上，290.

科书时，将"具体题目及其解"①看成"范例"，亦即"范式"的某种新名称，这就为我们在范式理论框架中将中考改革讨论到具体层面，提供了理论支撑和思考启示。

中考改革的范式转移，概括起来说，就是"应试教育"向素质教育的转移。用政策文本的语言说，就是"初中毕业、升学考试改革应有利于全面贯彻国家的教育方针，全面提高教育教学质量；有利于面向全体学生，体现九年义务教育的性质；有利于突破'应试教育'的模式，建立科学的评估体系，推进素质教育；有利于改革课堂教学，减轻学生过重的课业负担，促进学生生动、活泼、主动学习，培养学生的创新意识和创新能力"②。国家陆续出台的中考改革的相关文件中，反面的禁止类的要求与正面的指令、指导和提倡类的要求，都可以视为不同层面与不同方面的范式转移。无论是在宏大的科学共同体的共同承诺层面，还是在具体的科学共同体共有的范例层面，范式转移都意指本体论、认识论与方法论的转移；虽然单个的或少量的范例，因为过于具体，难以传达出旧的或新的本体论、认识论与方法论，但是一定量的集结，则可以将这些内涵更准确地传达出来。中考，是一项教育测评。现阶段普通高中录取环节，事实上就是对学生的基于教育测量的甄别与评价，中考的高利害性主要体现于此。中考之所以必须改革，就在于旧有的考试和评价的理念、内容和方法对新的教育教学目标、人才培养要求以及我们所处时代的知识的形态、机制和功能等等，缺乏必要的解释的效度。这里的缺乏必要的解释的效

---

① ［美］托马斯·库恩，必要的张力——科学的传统和变革论文选［M］，范岱年、纪树立译，北京大学出版社，2004：296.

② 教育部关于印发《关于初中毕业、升学考试改革的指导意见》的通知（教基［1999］5号）

度，包括两个方面的含义。第一个方面，从技术的角度看，我们中考用于测试和评价学生水平的具体工具和具体措施——比如说纸笔测试的题目，用于反映学生综合素质的表现性评价的任务、活动及其成果，普通高中录取学生所设计的制度性规程等等——不能准确地反映出我们预先设定的希望获知的学生的能力状态及其水平。在这一方面，我们只能说，通过十几年的中考改革，总体上有了起色，但还不能说有了根本性的突破，效度较低，仍然是普遍性的状态。第二个方面，我们预先设定的希望获知的学生的能力状态及其水平，总体上还处于理想期待和政策要求状态，并没有充分地反映在学校教育的教学和学习中。如果说我们预先设定的希望获知的学生的能力状态及其水平是 A 的话，我们中考用于测评学生能力及其水平的纸笔测试、表现性评价工具以及普通高中录取学生所设计的制度性规程等等则是 A′。中考改革，也可以简括为连续的三句话：第一句话，A 要好，体现出素质教育的精神和要求；第二句话，A 要真的好，表现在学校教育的教学和学习中；第三句话，A′要好，要能反映出 A。基于我们的中考实际，如果这三句话都能顺着做出肯定的回答，就可以说，中考改革成功实施了从"应试教育"到素质教育的范式转移。

关于中考改革的范式转移，我们将通过本体论、认识论和方法论三个维度予以内涵阐释。从三个维度划分的好处在于，它给我们搭建起理念框，"能够组织并使那些复杂且难以区分的数据和观察结果变得有价值"[①]；同时，也给我们提供了一套简括的分析框架，使工作变得便捷、有效和可信。本体论、认识论和方法论三个维度，是库恩的范式理论提供的。而库恩以此来框架范式

---

① ［美］James A. Banks，文化多样性与教育——基本原理、课程与教学（第五版）［M］，荀渊等译，华东师范大学出版社，2010：5.

理论，是来自哲学的专业训练。任何一个形成体系的哲学，都是由本体论、认识论和方法论三部分构成的，并要求三者之间的有机统一。即便是后现代主义哲学也不能例外。虽然后现代主义哲学具有反本体论倾向，但，反本体论不是无本体论，它只是建构着属于自己的本体论、认识论和方法论，正如有学人所论的，后现代主义"以一种反乌托邦的形式构想了乌托邦，以一种反希望的形式构想了希望，以一种反伦理的形式构想了伦理，以一种反上帝的形式构想了天堂"①。也因此，我们相信在论述中摄取后现代主义的某些观点、概念、话语，并不会拆解由本体论、认识论和方法论搭建的理念框架和分析框架。总之，通过本体论、认识论和方法论三个维度对中考改革予以内涵阐释，并不只是佛家讲经所说的"方便说法"，更重要的是，使我们获得了问题讨论的坚实的逻辑地基，同时也使我们问题讨论的部分与部分之间获得了内在的逻辑同一性的保证。

---

① 王志河，论后现代主义的三种形态［J］，国外社会科学，1995，(1).

第二章 本体论

一、"人的类特性恰恰就是自由的自觉的活动"

党的十六届三中全会提出"以人为本"的发展理念。党的十七大提出"坚持育人为本、德育为先,实施素质教育"。"育人为本"的要义就是为了全体学生的全面而有个性的发展,是"以人为本"的教育工作和教育学的具体阐释。《教育规划纲要》中明确指出,"坚持以人为本,全面实施素质教育"是教育改革和发展的战略主题。全体学生的全面而有个性的发展,乃是素质教育的本质规定。

教育与人的全面发展有着极为密切的联系,教育是实现人的全面发展十分重要的、不可或缺的基础。人的全面发展是社会主义教育事业的本质特征和必然要求,社会主义教育事业是人的全面发展的必由之路,正如马克思在对未来社会的教育所期待的那样:"它不仅是提高社会生产活动的一种方法,而且是造就全面发展的人的唯一方法。"① 2010 年 7 月 13 日,胡锦涛同志在全国教育工作会议上的讲话明确指出:"教育是民族振兴、社会进步的基石,是提高国民素质、促进人的全面发展的根本途径。""坚持以

---

① 马克思恩格斯选集(第 3 卷)[C],人民出版社,1972:332.

人为本、全面实施素质教育是教育改革和发展的战略主题，是贯彻党的教育方针的时代要求，核心是解决好培养什么人、怎样培养人的重大问题，重点是面向全体学生、促进学生全面发展，着力提高学生服务国家服务人民的社会责任感、勇于探索的创新精神、善于解决问题的实践能力。"① 马克思对教育与人的全面发展的阐述，是基于对人类未来社会的人道主义期待和科学社会主义判断。人的全面发展是社会主义教育事业的本质特征和终极目标。全面实施素质教育是中国特色社会主义教育事业在现阶段的战略选择。2011 年 4 月 24 日，胡锦涛在庆祝清华大学建校 100 周年大会上的讲话中，向全国青年学生提了三点希望："第一，希望同学们把文化知识学习和思想品德修养紧密结合起来。""第二，希望同学们把创新思维和社会实践紧密结合起来。""第三，希望同学们把全面发展和个性发展紧密结合起来。"② 三个"结合"，对坚持以人为本，全面实施素质教育提出了新的要求。马克思认为，人的发展包括人的劳动（实践）能力的发展、人的社会关系的发展和人的自由个性的发展等主要内容。三个"结合"，深刻把握了马克思主义人的全面发展学说的核心，涵盖了马克思主义人的全面发展学说的基本维度，是对马克思人的全面发展学说的具有时代特征、中国特色和教育特点的具体阐释。

"以人为本"，作为执政党提出的执政理念，固然应该在国家大政方针的范畴和范围予以理解和执行，但当不啻于此；溯其源出，究其根本，"以人为本"的"本"，乃是本体论意义上的"本"。正是在本体论意义上，"以人为本"获得了哲学上终极性的本质规定。我们所以说实现人的全面发展，是科学社会主义学

---

① 人民日报，2010. 07. 15
② 人民日报，2011. 04. 25.

说的基本出发点，是马克思主义的最高理想追求和最终价值目标，正是基于本体论的阐释。"以人为本"，当然也是价值论和方法论，但根基是本体论。务本才能求真。正是本体论的确证，使"以人为本"获得了至高的统领理论和实践的地位以及巨大的指导理论和实践的能量。需要说明的是，"以人为本"作为本体论，不是抽象的、形而上的。作为哲学上终极性的本质规定，是就其本源性和目的性说的。在马克思主义经典作家那里，"人"从来就是实践的，从而也就具有了历史的、社会的、生成的、具体的等规定性。简括说，确定有"人"在，但"人"处在不确定中。德国人类学家米切尔·兰德曼（Michal Landmann）在其代表作《哲学人类学》一书中说："人在本质上是不确定的，……人的生活并不遵循一种被事先确定的过程，……自然只完成了人的一半，另一半留给人自己去完成。"① "人只有缺乏特定化，才符合他的'本性'。"② 不确定性，在米切尔·兰德曼看来是人类的一种优点，"这是指，首先，人能够决定他自己的行为方式，即他是创造性的；其次，他之所以能这样，就因为他是自由的。"③ 马克思在《1844年经济学哲学手稿》中谈到："一个种的全部特性，种的类特性就在于生命活动的性质，而人的类特性恰恰就是自由的自觉的活动。"④ 正是"自由的自觉的"，使人与其他动物区分开来。其他动物的类特性是特定化的，动物都是被自然界限定的、决定的、完成的，因而动物在自然界没有自由，它的行为均由本能所控制。而因为人的类特性是自由的自觉的活动，人的类特性恰恰

---

① ［德］米切尔·兰德曼，哲学人类学［M］，贵州人民出版社，2006：7.
② 同上，168.
③ 同上，192.
④ 马克思恩格斯全集（第42卷）［C］，人民出版社，1976：96.

是非特定化的。"自由"，是主体性征；"自觉"，是主体的功能性征，即作为自由的主体的能动的、主动的、有目的的势能的展开。"蜜蜂建筑蜂房的本领使人间的许多建筑师惭愧，但是，最蹩脚的建筑师从一开始就比最灵巧的蜜蜂高明的地方，是他在用蜂蜡建筑蜂房以前，已经在自己的头脑中把它建成了。"① 这是因为，最蹩脚的建筑师的作为乃是人的"自由的自觉的活动"。

西方马克思主义哲学家布洛赫认为，同经验主义哲学不同，马克思主义包括"还没有存在"的本体论。"还没有存在"，即指人的"非特定化"和"不确定性"。正是"还没有存在"的规定性，决定着"人能够决定他自己的行为方式，即他是创造性的"，是"自由的自觉的"。所以，布洛赫又将马克思主义唯物论解释为"向前看的唯物论"，这种"向前看的唯物论"，布洛赫论之为"希望"。布洛赫的"希望哲学"认为，"希望"不仅是人的一种意识特征，而且是一种本体论现象，是植根于人性之中的人类需要，是"人的本质的结构"。"希望"是本体的，而同时正因其为"希望"，它必然要走出来，走上充满不确定、可能性的历史征程；正因为不确定和可能性，也才有了"希望"存在的合理性和必然性；"希望"，连接着不确定性、可能性，同时也辩证地连接着失望甚至绝望（这样看来，布洛赫拒斥海德格尔"畏惧"等灰暗的思想，倒显得绝对了，殊不知"畏惧"所以在，正因为有"希望"；"畏惧"乃是与"希望"相随的影子）。布洛赫晚年将他的"希望哲学"概括为"主词还不是宾词"（S not yet P），可以视为"非特定化"和"不确定性"的逻辑格：是的，譬如"我还不是我"、"你还不是你"，我们始终处在不确定性和可能性中，

---

① 马克思恩格斯全集（第23卷）[C]，人民出版社，1972：202.

差异性、变异性，乃是"希望"的表征、"自由的自觉的"表征；如果人从一开始就是命定如此和必然那样，"希望""自由"也就彻底失去了存在的合理性和合法性。① 人的差异性、变异性，多少有些相类于法国哲学家德里达创造的"延异（différance）"的概念，既承认甚至眷顾于"本原"，又相信这个"本原"是模糊的、不定的，处在不断地"延异"之中。"延异"，可以理解为在矛盾和关系中不断差异化，在发展和变化中不断变异化。在我们这儿，"延异"这一概念的关键一点是，"延异"不只是"本原"在离开本体论的原点之后的种种境遇，"延异"又是本原的，是"本原"本身具有的基质，甚至原本被认为是后来的、派生的"本原"的延异化，反倒成了"非本原的本原"。② 我们愿意将两位西方马克思主义者的"希望"与"延异"的概念结合起来解读："希望"倾向于对"自由"的表现力的描述，是人类及其个体自我生成的势能的描述；"延异"倾向于对"自由"的表现性的描述，是人类及其个体自我生成的状态和特性的描述。"希望"与"延异"，实际上都可以视为人的"非特定化"和"不确定性"的别称，是人的"自由的自觉的活动"的表征。"希望"之所为，"延异"之所是，就在于人在"自由的自觉的活动"之中，也就是说人在实践中；正是人在实践中，或者说人是实践的，人就不是抽象的，而是历史的、具体的。马克思在《关于费尔巴哈的提纲》（下称《提纲》）指出："人的本质不是单个人所固有的抽象物，在其现

---

① 安希孟，布洛赫希望哲学述评［J］，社会科学，1997，（8）.；梦海，恩斯特·布洛赫哲学体系初探［J］，马克思主义研究，2007，（3）.

② 参见：朱刚，本原与延异——德里达对本原形而上学的解构［M］，上海人民出版社，2006.

实性上，它是一切社会关系的总和。"① 这一段话，通常被看成引的马克思《1844 年经济学哲学手稿》（下称《手稿》）"人的类特性恰恰就是自由的自觉的活动"之外的对人的本质的不同的论断，从而引起了学界的歧义与纷争。我们认为并不矛盾，相反可以互相补益。《手稿》所论在"因"，人的本质不是如费尔巴哈理解的那样是抽象的、永恒的、孤立的"类"，而是"非特定化"的、开放的、可能性的，是可以期待但绝非天生已经注定了的"自由的自觉的活动"。《提纲》所论在"缘"，人的"自由的自觉的活动"当然不可能是抽象的、虚空的，而是在关系中、情境中，这个关系和情境，就是人的实践活动，这也就是《提纲》所说的"在其现实性上"的要义之所在。正是"在其现实性上"，人置身在社会关系中，置身在社会实践中，人的"自由的自觉的活动"使"非特定化"的"因"，表现为"不确定性"的"缘"；这样的"不确定性"的"缘"，就是处在可能性中的"希望"，处在发展变化中的"延异"。所以，我们毋宁将人的本质视为这样的"因缘际会"，从而将《手稿》与《提纲》的思想视为一意两表，或者是一句话的前后两个部分。

归结言之，我们说"以人为本""育人为本"，所谓"本"者，哲学上说是主体性征的本体论的确证，政治上、政策上说是主体地位的政治学、社会学、教育学的确认。

二、从"对学生的评价"到"为学生的评价"

教育从来就不是一个抽象的概念，而是不同世界观、价值观支配下的历史的具体的教育。教育不都是能够促进人的全面发展，

---

① 马克思恩格斯选集（第 1 卷）[C]，人民出版社，1972：18.

相反也可能加剧人的异化，生成片面的人，正如联合国教科文组织《学会生存》一书所讲的："教育既有培养创造精神的力量，也有压抑创造精神的力量。"① 中考改革的范式转移，就是从"应试教育"到面向全体学生全面而有个性发展的素质教育的转移，要将学生对象化的"对学生的评价"变为"以人为本"的"为学生的评价"。"应试教育"与素质教育在教育评价上的范式的分野，就在于"面向全体学生全面而有个性发展"这句话的所有实词的相悖。"学生"：一个是以价值理性待之，是目的，一个是以工具理性待之，是手段，这是范式分野的根本，是两者在本体论上的相悖；"面向"：一个是"面向"，一个是"趋从"，这从"应试教育"的"应"字即可顾其名而思其义，是学生在望其项背，亦步亦趋；"全体"：一个是面向"全体"，一个是忽视多数学生以及所谓的差生，重视高分学生，更确切地说是只重视高分，因为学生只是由分数所标识的符号；"全面"：一个是促进学生"全面"发展，一个是催生片面的人，比如说重理轻文、高分低能、只重智育轻视德育与体育等；"个性"：一个是重视、珍视学生的个性和特长，一个是在狭隘目标、单一手段控制下，学生在一个模子的塑造下刻板化、平面化、模式化，不仅人的个性发展得不到应有的重视，为了应试教育的效率和效益，往往对学生的个性特长持漠视、紧张甚至敌视的态度；"发展"：一个是促进学生的"发展"，一个是以考试为目的，以片面追求升学率为特征，脱离社会发展需要，违背人的发展规律，不顾及学生终生学习能力的培养；素质教育是"面向全体学生全面而有个性发展"的教育。中考改革从"应试教育"向素质教育的范式转移，是一场深刻的

① 联合国教科文组织国际教育发展委员会，学会生存——教育世界的今天和明天[M]，华东师范大学比较教育研究所译，教育科学出版社，1996：118.

本体论革命。正是基于本体论，我们找到了思考和实践的出发点。循此而行，中考改革就不是要不要的问题了，而是得到了"命令"——移至思考和实践的主体那里，就是"使命"。当然，现实是很复杂的，更是很"现实"的。十几年的中考改革，遇到的问题和困难太多太多，"应试教育"的面貌还没有得到根本的改观。立足于"以人为本"的本体论立场，全面实施素质教育对中考改革的实践来说，就不应该是可不可行的问题，而只能是如何行的问题——一切大大小小的思考和实践的"可行性论证"都是在为着如何可行而设计路径、步骤与策略。需要格外说明的是，面对着"应试教育"的种种压力，坚持"以人为本"，才能使我们既能正视现实，又能处在"希望"之中"向前看"。正是确定有"人"在而"人"处在不确定中，处在不断的"延异"之中，一方面，我们要在中考改革中坚持"以人为本"，全面推进素质教育；一方面，我们要将教育尤其是教育评价的现实与传统包括它们给中考改革形成的种种压力乃至种种刁难，看待为中考改革"玉汝于成"的丰富资源——人的本质的必然要求与历史的必然要求，以及历史的必然要求与历史的实际压力的矛盾，是人之所在与人之所为的具体情境，这个情境，我们称之为人的实践场域。这样，我们才不至于"带有任何神秘和思辨的色彩"① 去看待"以人为本"、"育人为本"的"人"亦即学生，从而在具体的、历史的"社会关系"的"因缘际会"中改善、改进，突围、突进，既立意高远，又脚踏实地，不屈不挠推进中考改革。

中考，是义务教育阶段的具有终极性的考试。义务教育是一个国家或特定区域的政府根据其自身经济社会文化发展状况，所

---

① 马克思恩格斯选集（第 1 卷）[C]，人民出版社，1995：71.

作出的对人的受教育权限的体制性、制度性的整体开释。义务教育的核心在于权利与义务，而公益性（免费性）、强制性、统一性、普及性等基本特征都源自于此。我们相信，洛克在《政府论》（下篇）中关于国家或政府的权力来源于个人所让渡的部分权利的判断，是对政府权力的普遍适用的朴素的解释。即便是自命天授神授的专制政体，民心拥戴也是其自我证明合法性的辅助逻辑（"得民心者得天下"，"民可载舟亦可覆舟"），从而实际影响着它们的权力运作。政府权力的这样的信托式特征，就决定着在权利与义务中，人，权利在先而后有义务构成统一体；政府，义务在先而后获致权利构成统一体。在逻辑上也可以这样说，义务教育是人权（受教育权）在特定历史条件下的一定程度的解放；进一步说，是人的"自由自觉的活动"的本质在特定历史条件下的一定程度的实现。所谓的特定历史条件下，就是说，义务教育，是社会治理下的人的解放。正如《义务教育法》第三十四条要求的："教育教学工作应当符合教育规律和学生身心发展特点，面向全体学生，教书育人，将德育、智育、体育、美育等有机统一在教育教学活动中，注重培养学生独立思考能力、创新能力和实践能力，促进学生全面发展。"当然，人的真正自由发展，还只是需要为之奋斗的未来社会的美好愿景。人的本质在人类历史中仍然长期处在不断异化而又不断扬弃的进程中。义务教育的历史情境，可以表达为两层连续的意思：首先，事关人的发展，必须这样做；其后，基于现实状况，有条件这样做。而历史情境下的适时的、充分的义务教育主张和实践，反映了"历史的必然要求"，使义务教育作为社会治理行为，系统性地获得了"历史的正当性"。那么，中考改革，就是要使中考这样的义务教育的重要领域的所有的"不合时宜"从"历史压力"中解放出来，正如《义务教育法》第三十五条之规定："改革考试制度，并改进高级中等学校招生办法，推进实施素质教育。"否则，义务教育的"权利"的意蕴就没有能够充分释放出来。设若，还是在"应试教育"语境中，"权利"可能就主要反映在"免费"这样的经济权利上。而"权利"是复合性的概念，核心是"自由"，经济权利只有统摄于"自由"甚至包括在"自由"当中，才是真正值当的。对我们要讨论的中考改革来说，一般意义上的教育评价的最高准则是"人的自由发展"，而具体历史阶段的义务教育制度下的教育评价则是其现实性或者说历史性的准星。中考改革，从政策这样的顶层设置，到评价工具设计、招生制度变革这样的微观规制，都必须以最高准则与现实准星为考量。可喜的是，顶层设计层面，已经有了比较充分的表达；微观规制层面，已经有了许多有益、有效的探索。但是，由于"应试教育"的体制性、社会性等压力巨大，顶层设置相当程度上还悬空在顶层，处在"看上去很美"的窘境；微观规制层面，点的尝试多，面的改观少，处在"做起来很难"的困境。中考改革的主要内容和主要任务，简括言之，就是《国家基础教育课程改革实验区2004年初中毕业考试与普通高中招生制度改革的指导意见》（教基厅〔2004〕2号）要求的"要改变以升学考试科目分数简单相加作为唯一录取标准的做法，力求在初中毕业生学业考试、综合素质评定、高中招生录取三方面予以突破"；其目标就是要全面实施素质教育、促进学生全面发展。应该说，变化还是有的。比如说初中毕业生学业考试中，一个题目多种解法、一个题目多个答案，甚至不同答案不同赋分的题目总体呈现出逐年增多的迹象；题目的开放度、综合性有了一定的提高；一些大题目开始试图突破主要强调难度和区分度的局限，体现出表现性评价的要求和特征。但是，实事求是说，三个方面还不能说已经形成了突破。尤其是更加指向学生全面而有个性发展的综合素质评价的功能和作用还没有能够发挥和凸显出来；严格说，综合素质评价还没有寻找到与预期的功能和作用匹配的内容和方法，离反映学生成长和发展情况的要求尚有距离；综合素质评价与高中招生录取之间基本上是"假挂钩"和"软挂钩"的关系，尚未真正成为毕业和升学的重要依据。总体看，"应试教育"的味道依旧很浓，并且仍然体现在价值层面和体制层面，贯彻落实"改革考试制度，并改进高级中等学校招生办法，推进实施素质教育"这一极具针对性的法律要求，任重而道远。

第三章　认识论

一、"知识"是动名词，是"自由"的"人"
"实践"的成果

现代哲学认为，认识论是关于知识的理论。认识论的"认识"，可以视为知识论的"知识"的动词形式；换言之，知识论的"知识"，可以视为认识论的"认识"的名词形式。我们这里，主要以知识为对象展开讨论。因为，知识具有"真"和"信以为真"的确定性（即便是否定之怀疑之，也是对知识具有的"真"和"信以为真"的确定性的否定和怀疑），是教育授—受的对象，我们的教学内容、学习内容都是那些成为知识的东西。但是，我们必须从认识论的角度来看待知识，这样，知识就具有了动词性质，而成为动名词，从而包括了知识形成的机理、条件，以及形而上学追问的知识何以可能、何以可信的种种本体论的思辨。作为动名词的知识，就是活的知识，它隐含了主词"人"，隐含了谓词——某个动词——这个动词在哲学上我们论之为人类的"实践活动"。教育实际中，我们常常自觉不自觉地将知识仅仅视为名词，看待成既定的、固定的完全对象化的教与学的客体。在这样的知识观支配下，我们其实是在教死知识从而教死了知识，学死知识从而学死了知识；甚至，我们的实践活动所完成的目的也只是如何将本来习得的那些死的知识活用在真实情境中。

这样的知识论，或者说认识论，与我们前面讨论的本体论是一脉相承的"接着说"的关系。"以人为本"的本体论认为，确定有"人"在，但"人"处在不确定中。确定有"人"在，因而知识是人的；"人"是不确定的，因为"人"是实践的，处在"延异"中，也就是不断的生成变化中。马克思主义经典作家认为："人同自然界的关系直接就是人对人的关系，而人和人之间的关系直接就是人同自然的关系，就是他自己的自然的规定。因此，这种关系通过感性的形式，作为一种显而易见的事实，表现出人的本质在何种程度上对人说来成为自然界，或者自然界在何种程度上成了人具有的人的本质。"① 正是在实践中，人展开了人不断自然化—自然不断人化的未有穷期的伟大进程。"人不断自然化"，"自然不断人化"是一而二、二而一的关系，从知识的角度看，是分别站在客观世界和认识主体的视角与知识对面相看，这其间都有"人"，而且"人"是主体，是制动者、能动者。人类认知行为，具有基于先天基础和后天文化塑造的知识建构力。这种建构力，表现出来的是心智结构所具备的"朝向"认知对象的"势能"，也就是奥苏贝尔所说的"有意义学习的心向"。A·卡米洛夫-史密斯等人的模块理论，对此做了比较充分的阐述。A·卡米洛夫-史密斯认为，人类认知生于生物学基础，成于后天建构行为，前者必不可少，具有本源性，而后者对认知和知识功效更大，两者缺一不可。② 这个道理，不是什么高深的哲学思辨，应该成为常识。没有人就没有知识，不被人认识的客观世界就不能构成我

---

① 马克思恩格斯全集（第42卷）［C］，人民出版社，1979：119.

② 参见：［英］A·卡米洛夫-史密斯，超越模块性——认知科学的发展观［M］，缪晓春译，华东师范大学出版社，2006.

们所说的知识。除了编寓言故事，我们不能说"这是昆虫关于什么什么的知识"，因为昆虫没有认知的可能性。而只有人具有这种可能性，这种可能性也就是人具有的"朝向"认知对象的"势能"，也就是海德格尔所说的人能认识和把握世界的"先行具有，先行视见和先行掌握"的"前提"。① 这就是本体论的阐释。作为类本质的不确定性走向现实性，就是实践，就是认识，就是知识形成的过程，亦所谓"实践出真知"。这就是认识论或者说知识论的阐释。只有人能够并愿意实践，我们不能说一匹马或一群马能够并愿意实践并且在实践着。那么，人在天性上能够并愿意实践而实践出真知，就成了一句从本体论到认识论的连续表述。

这一表述，具有重要的教育学价值。知识是活的，而不是死的，天然地包括了人类的心智逻辑及其势能。知识的这样的动名词属性，是学生与知识形成对话的重要的认识论基础。我们在教育中，常常将知识置于学生的对面甚至对立面，其原因就是没有将人的认知势能和认知行为带入到对知识的理解中，而把知识视为外在的冰冷的客观材料来处置。知识的这样的客体化的命运，我们称之为知识的"混凝土化"——作为一个不可再分的词的"水泥"所以包含"水"这一词素，就在于"水泥"在铸为梁柱、墙体、地坪的时候，是有水在其中，经过化合反应得以成形的。成形之后，人们看到的就是混凝土，而忘却了当初的水之性、水之用、水之功了。知识，是人的，是人在实践中理论、经验、智慧、情感、兴趣、意愿、意志等等复合而致的，是浸透着诸般丰富而水灵的人的心智和心性因子的。经年日久，我们忘记了最重要的"人"在其中，而视之为外在于人的客观事实。而究其实，

---

① ［德］海德格尔，存在与时间［M］，陈嘉映、王庆节合译，生活·读书·新知三联书店，2006：267.

没有人，没有人的实践，客观世界就不能成其为知识。此其一。

其二，人的自然化与自然的人化，从主客两端涵括，客体表征着知识的"必然"，而人表征着知识的"自由"。必然是哲学中表征事物的存在状态及其运动、变化完全受相关的物理、化学等规律支配和决定的基本概念。自由是哲学中表征有自我意识和行为能力的主体按照自己的意志行动并影响、支配和控制其他事物的能力以及这种能力的一切现实表现形式的基本概念。我们常常把"必然"到"自由"理解为人在认识和改造世界过程中的一个由量变到质变的过程。这一理解当然没有太大问题，但是如果单向度理解，就容易偏向于将人的发展理解为不断通过"熟能生巧"变为"熟练工"的过程，从而将人工具化。我们认为，更本质的是，"必然"是人认识着的客观世界的向度，"自由"是认识着客观世界的人的向度，"自由"是人本然的属性。处在实践中的人表征为"自由"，并随着实践走向更丰盈充沛的"自由"，这是一个"自由"从若干比较级走向最高级的过程，也就是人的全面发展的过程、不断解放的过程。知识包含的"自由"的基因，要求我们以学生为主体。学生学习旧知识，与旧知识之间存在着主体间的对话；学生学习旧知识、生成新知识，乃是主体的人亦即自由的人基于天性上能够并愿意实践而实践出真知的过程。知识的本质就是人的实践的产物，"必然"与"自由"是知识的两大属性；并且，"自由"处在"必然—自由"关系中的主要方面。如果在教育中借"必然"之名轻慢甚至压抑"自由"，就意味着我们废黜了知识中的"人"，而将知识外在化、客体化。

其三，"人"是类的也是个体的。马克思在《共产党宣言》里有一句名言："每个人的自由发展是一切人的自由发展的条件。"其"每个人"与"一切人"说尽了两者的关系，也凸显了个体的地位。至少从教育的角度看，现代学校制度尤其是现代学校制度催生的标准化教学和标准化考试，使我们实际上丢弃了个体、个性，难怪乎苏联教育家苏霍姆林斯基在其名篇《帕夫雷什中学》中慨叹："爱全人类容易，爱一个人难。"[1] 作为类的人与作为个体的人，固然是共性与个性的关系，但我们不要忘记"共性寓于个性之中"这一条马克思主义基本原理。共性，并不能因为其为共性而获致任何对个性的霸权。共性，不是从个性中提取公因式，在抽象地抽取所谓共性的同时，也剔除了那些不被抽取的东西，从而阉割了个人；而个体被阉割的同时，也就意味着作为类的人被不断纤维化和类型化，从而失去了有血有肉、有灵有魂的丰富的"人性"。宋代哲学家朱熹曾经用一"月"印"万川"来比喻"理"同无量的事物之间的"理一分殊"关系。现代学校制度及其标准化教学和考试，基本上就是沿袭了这样的思维，从而将教育导向类型化、标准化、单一化、刻板化。这样的价值取向和思维路向，就是为后现代主义质疑和诟病的"元叙事"。后现代主义为什么要反对"元叙事"？在利奥塔看来，是因为"元叙事"是"一"的化身，以一种唯一的、被视为典范的叙事，来作为其他叙事的标准，压制其他的不同话语。它造成的结果是，只有与该标准叙事相符的其他叙事，才具有"合法性"。[2] 在其他的后现代哲学家那里，我们很容易看到类似的知识观。德里达以"延异"概念为他的意义论的核心，突出的是语言亦即知识的"差异"、"延迟"的性质，亦即知识历史过程中产生的不仅是被动的"差异"而且是主动的"差异化"行为，从而是"可能性"而不是"必然性"成了意义论中更值得期待的东西。这一切，都

---

[1] 苏霍姆林斯基选集（第四卷）[C]，教育科学出版社，2001：309.

[2] 参见：[法]利奥塔，后现代状态——关于知识的报告 [M]，车槿山译，生活·读书·新知三联书店，1997.

是因为知识是人的，是人实践的产物，是自由的成果；而知识的形成，与人的生成同构，是人的"非特定化"本性与人化的"不确定"进程的表征。所有知识都包含着认识的动词性质，从而是动名词；所有知识都处在虚拟语态之中，从而具有条件性与可能性的基质。对知识的这样的非"元叙事"的解构，恰恰是对知识本相的回归。在这里，知识是属"人"的，而不是属"物"的；是个体的小写的人的复数形式，而不是类的大写的人的单数形式。知识不是属"物"的，因而不是外在的；知识不是属类的，因而不是独断的。我们说以学生为主体，我们说学生是学习的主体，前者是本体论表述，后者是认识论表述。而"主体"之不为虚空，就在于我们能够真心诚意地持有这样的知识观，否则，"主体"云云，只能是一个"幌子"，不管你对这个"幌子"是误以为真，还是自欺欺人。

二、从"因于评价的学习"到"因于学习的评价"

中考改革的范式转移，是"应试教育"向素质教育的范式转移。这一范式转移，简约说，就是"因于评价的学习"向"因于学习的评价"的转移。这里的"因于"，包括"从此出发"与"据此界定"的意思；这里的"学习"，包括学习主体"学生"，是指学生对知识的学习与生成，我们视之为人类特殊的实践领域。"因于评价的学习"，学生及其学习，受制于评价而成其为被治理的对象；而现实中像中考这样的评价的标准化、大规模，则意味着对个性、差异性的忽视和轻视。"因于学习的评价"，则是从学生及其学习出发，并据此规定着评价的目的、内容和方式；评价成为学生学习的衍生环节，必须要尊重学生的主体性、遵循学习亦即人类知识生产的特性和规律。"因于评价的学习"与"因于学习的评价",既是两种不同的评价观,也是两种不同的学生观和学习观。对学生的学习观持有何种态度,也就是对认识论持有何种态度,对知识持有何种态度。

两种不同的知识观,集中体现在"人"是"自由"的"实践"的并寓于"个性"之中这四个相关联的词上。"人":在"应试教育"范式中,"人"只是作为学习(认识)中介,而不是作为学习(认识)主体,通过对客观化的知识的学习,力求达成外在于"人"的诸如分数、升学等等目的;而在素质教育这里,"人"是学习(认识)主体,"人"在学习(认识)中走向"人"的发展。一般说,"应试教育",是以考试为目的;素质教育,是以考试为手段。在"应试教育"的语境中,我们也习惯于说"考试是手段,不是目的",但是,如果手段成了唯一的手段,我们无从选择、无可避让,手段就自然获致某种霸权,具备了号令者的资格而翻身成为目的;如果手段所指向的目的是外在于"人"的目的,如排名、升学,那么手段与目的不过是同一反复,我们说的"考试是手段"究其实还是目的。"实践":学生的学习,是人的实践的品类之一。在"应试教育"那里,学习被逐出了实践领域,处在被动语态,为客观化了的知识、外在化了的目的不断规制。考试的目的主要是通过题海战术考查学生对客观化了的知识的接受程度,以及对知识的尽可能快捷的"一看就会,一做就对"的机械反应能力,而不是发现问题、解决问题的能力。素质教育语境下的考试作为"因于学习的评价",从学习出发并界定着评价,在学与考的关系规定性上,是学什么考什么而不是考什么学什么,是怎么学就怎么考而不是怎么考就怎么学,从而使"考试是手段"的"手段"成为合目的的手段,而不是对作为目的的学生及其学习的社会性、制度性反制。"合目的的手段",用教育评测的专业术语论,就是考试目的与教育目标、教学目标之间达到了高度的"效度"的一致性。基于中考改革的中考，是素质教育语境下的考试，就是要秉持学习的实践属性，通过考试这样的特殊教育手段，恢复学生在学习中的主体地位，促进学生的学习不断趋近人的"自由自觉的活动"的本相。"自由""个性"：将"自由"与"个性"放一起，并不是说"自由"只是"个性"（个体）的。对人来说，"自由"是属类的；这属类的本质不是别的抽象了的概括，而是充盈着生命意识的"自由"，所以，"自由"又必定是个体的并且表现为个体——人的类的特性是"自由"的，这对试图从无量的个体中抽象概括出一个"一"的共性的价值取向和思维路向来说，确实匪夷所思。而正是人的自由而自觉的展开，使人呈现出千姿百态、千差万别的个性，进而使人类社会、人类的活动、人的文化等呈现为无限的丰富性和多样性。"自由"之作为类的人与作为个体的人，两者是二而一、一而二的关系。人的个性，不是人的特例，而恰恰是人的本相。人的类特征甚至可以简括为：人，个体地存在着。马克思的"每个人的自由发展是一切人的自由发展的条件"的论述的逻辑点正在于此。国家、社会、集体、家庭，是人的不确定性展开的境遇，不确定性的展开的过程就是实践的过程。实践的过程使人置身于社会的情境中和历史的进程中，置身于异化与扬弃的张力场中。教育，作为特殊的人类实践活动，是在特定的社会的情境中和历史的进程中，量力而行而又尽力而为地实现"通过人并且为了人而对人的本质的真正占有"[①] 成效的最优化和最大化。教育作为特殊的人类实践活动的基本特质是：其一，在内容上，具体表现为知识上，将知识视为人类认识世界、改造世界的产物。知识，是自由之果，

---

① 马克思，1844 年经济学哲学手稿［M］，人民出版社，2000：81.

是人的自然化与自然的人化的成果。在这里，必然与自由相互给与，此岸与彼岸一衣带水。自由成全了必然，必然以自然（对象物）的形式言说着自由。如果立足于"以人为本"，那么，可以径直说，知识是自由之果，是真与善的结合，善以启真，真以储善；知识，是自由之花，是真与美的结合，美以润真，真以显美——人的聪明智慧、情感意志等等人的本质力量通过自然（对象物）显现出来，焕然物外，构成自由的象征，也就是说构成了美、美感与审美。总之，知识，是真善美的精致的化成，是人类文明的成果，是人类自由的产物。其二，教育正是通过对知识的选择、理解、使用，使学生进入到教育这样的作为人类特殊的实践活动的语境中，使学生的学习更加充分地成其为"自由的自觉的活动"。我们说学校不同于社会，不是因为其有围墙，有体制，有外在于"人"、凌驾于"人"、甚至凌侮于"人"的诸如"只要学不死，就往死里学！""提高一分，干掉千人！"之类的中高考战时动员之类的标语口号，而是因为知识的学习和生成。在这里，知识的学习和生成，就是人的自由发展。因为，知识不是外在的，是"人"的。学生在崇敬知识时，便是自我尊崇；学生在质疑知识时，便是自我质疑。

应试教育是"因于评价的学习"的范式，学生作为学习者的主体地位是不被承认的，或者说是不被重视的。表现在：其一，考试的内容是被客观化、外在化的知识，也就是死的知识、片面的知识，而不是活的、整体性的知识。一方面，知识的思维属性被抽取掉了，就算教学中尚存，但在应试过程中，思维对必要的时间长度的需要不得不被压缩；所以要通过题海战术练就出快速的刺激反应的能力，就是要尽可能剔除思维对考试效率的"干扰"。另一方面，知识无法进入情境之中，就是有情境设计，往往也是虚的甚至是假的。知识的"自由"被剥去，学生的主体的

"自由"至少在技术上已经无从对接；没有这样的对接，当要测出学生的动机、兴趣、思维品格等心理特性和倾向时，我们就会手足无措无能为力，所谓测试的效度也就无从谈起。这就是长期为人们所诟病的"高分低能"。试想，"高分"与"低能"对应，效度又从何谈起呢？其二，考试标准的单一化，与此对应的，也就是招生录取标准的单一化。一把尺子丈量万千学子，一次考试定终身；而且，这把尺子还是一把钢尺，最后是由分数来说话。在这样的标准下，学生的个性与特长几乎完全排斥在外，作为自由之主体的选择权差不多完全剥夺殆尽，学生的知识的习得与生成机制自然是模具化的，学习作为"自由的自觉的活动"，不仅不可能，而且是高风险的。这就使素质教育陷入了巨大的"囚徒困境"——我知道应该怎样做才对，但如果别人不这样做，而只有我这样做，我就会陷入巨大的风险之中。这种风险观，就是作家刘震云在接受浙江慈溪中学学生采访时说的一句大白话："肯定素质教育比应试教育优越而广阔。但是，你是生活在中国，那我觉得你应该越过应试教育这个门槛，再谈素质教育。因为素质教育不是我们慈溪中学一个中学能改变的，所有大学录取的标准，是按照应试教育的标准。"① 从认识论和知识观看，"应试教育"语境下的中考，是"必然"对"自由"的制度性的压迫。一方面，与我们思想深处的由"必然"到"自由"的两点一线的单向度理解有关。这样的单向度思维，忘记了"自由"作为人的本质的本体性征。正是本体性的"自由"才是走向"必然"的第一动力，这是人在认识之路上，也可以说人在实践之路上的第一步。这第一步，是自由从彼岸走向此岸的跨越性的一步。这是教育必须以

---

① http://blog.sina.com.cn/s/blog_564afc5c0100k8a1.html

学生为主体的立足点。并且，第一步之后，自由永远是知识征途中的制动者，是它不断将我们带向必然；自由就这样在此岸与彼岸的来回穿梭中，如驿路梅花，次第开放，不断从一个比较级走向另一个更高的比较级。也就是说，人在认识之路上，在实践之路上的第一步之后，仍然不断变化、生长着。这是教育必须为了学生全面发展的立足点。同时，不确定性、非特定化，乃是人的本质，人在认识之路上，也可以说人在实践之路上绽放的驿路梅花，不是单一的，而是千姿百态、异彩纷呈的。这是教育要促进学生个性发展、培养学生创新能力的立足点。另一方面，从知识论看，抽掉了自由的知识就是客体化了的、外在化了的知识。因为只看到"必然"而剔除了"自由"，这样的知识就是残缺的知识；用这样的知识教育学生，只能生产出片面的人。因为客体化了，这样的知识就会因为纯粹的必然性被绝对化从而被赋予独断的品性；用这样的知识教育学生，只能生产出顺从的没有创新精神和创新能力的人。雅斯贝尔斯曾这样警告我们："当必然性被绝对化时，那么人类存在的精神就陷入危险的境地，精神的基础就将被毁灭。"① 也就是，人将不人，人在认识之途中，就像伏尔加河的纤夫，一路被驱役，谈不上自由，谈不上全面发展和个性发展。还需要指出的是，抽掉了自由，知识的必然性的特性也将不可避免受到损伤而难以自持。比如有些知识，转化为题干后，多解或多种答案本来就是必然性的整体，但却被我们设定的唯一答案肢解掉了。比如许多知识中人所认识而形成的逻辑链条，原本与人的思维同构共生的，人的思维抽掉了，学生需要通过死记硬背或烦复练习形成刺激反应来习得，不知道（也不需要知道）就

---

① ［德］雅斯贝尔斯，什么是教育［M］，邹进译，生活·读书·新知三联书店，1991：102.

里，知识因而成了僵死的疙瘩。再比如，语文考试阅读中，远离现实生活的文言文阅读的得分普遍高于现代文阅读，原因之一就是文言文阅读偏于记忆类的字词解释，现代文阅读偏于理解与感悟；而除了学生的理解与感悟能力较弱之外，更与我们习惯将本该丰富多样的理解与感悟设定成唯一答案有关。更多的是，许多复杂能力和关键能力，根本不被关注，而复杂能力和关键能力往往正是知识的必然性的极为重要的组成部分。

素质教育范式的评价，是"因于学习的评价"。这里的"学习"——其实，"学习"本当作如是观——作为知识的习得与建构，本质上是人类的实践活动之一。因此，"因于学习的评价"的一个连续性的表达应该是：依据"人"亦即"学生"，这是实践的主词；依据"学习"亦即"自由的自觉的活动"，这是实践的谓词；依据学生的学习和发展状况和水平亦即基础教育课程改革所标举的知识和技能、过程和方法、情感态度和价值观"三维目标"，这是实践的宾词。"应试教育"只看到了宾词，看不到主词和谓词，实质上也就无法看到宾词的全部，看到的宾词往往是外在化了的、僵硬的、片面的、残缺的宾词。"考试对象的确是一个权力问题"①。但是，在素质教育这里，学生参加升学和毕业考试，实际上是自身学习和发展权利的让渡，是一种授权行为；升学和毕业考试，作为教育领域的重要的社会治理行为，必然表现为一种权力——但，"权力"行使的合法性的基础是"权利"的让渡。"权利"的让渡通过"权力"施于学生，学生通过让渡"权利"而接受"权力"对自己的干预与治理，可以视为学生自己的作为"自由"有机组成部分的"责任"的表达。"权力"作

---

① 韩家勋，教育考试评价制度比较研究［M］，人民教育出版社，2010：9.

为学生的"责任"的表达，关键在于从根本上遏制对学生施加的哈耶克提醒我们提防的"强制状态"①。"权力"表达"责任"，是因为"权力"是来源于学生并为着学生的，从而真正与政治上的"权为民所用"形成大小相似形的关系；而当我们说我们有责任对学生如何时，这里的"责任"必须是属于"自由"的，为了"自由"的。必须谨记恩格斯的教诲："一切自由的首要条件：一切公务人员在自己的一切职务活动方面都应当……向每一个公民负责。"② 说到底，是否是素质教育的教育评价，就看考试和招生制度，是否表现和表彰学生的权利，是否开释和增强学生的权力。这样的价值判断，很重要的，必须体现在对何为知识的事实判断上，否则，就容易凌空蹈虚。检视中考试卷，我们也注意到，不少题干在语言表述上使用亲近温和、鼓励激发的话语，这是一种很好的迹象。但是，试卷中测评工具和标准，变化不大；考试结果的解释和应用，存在很大缺陷；综合素质评价，总体上软弱无力、残缺不齐，更多走过场而已，与招生录取基本上是"软挂钩"、"假挂钩"的关系，等等，这些都使那些亲近温和、鼓励激发的话语表面化、修辞化，甚至在客观上多少还有文过饰非的负面作用。全国中考，基本上都是地市为单位组织进行的。我们观察一下地市教育行政部门统领下的政策制定、各科考试指南、各科试题命制、招录工作（招录工作可以视为对考试结果的应用），基本上既是一个具体而微的过程，又是一个等而下之的过程。具体而微没有问题，这是工作推进的阶段和层次。等而下之，就是每向下一步，就让人觉得离"应试教育"趋近一步，差不多成了

---

① ［英］弗里德利希·冯·哈耶克，自由秩序原理（上）［M］，邓正来译，上海三联书店，1997：4.

② 马克思恩格斯全集（第19卷）［C］，人民出版社，1963：7.

"素质教育轰轰烈烈，应试教育扎扎实实"悖论的范例。表现和表彰学生的权利，开释和增强学生的权力，就是要在中考这样的社会治理的特定语境中将学生作为认识主体来看待，并将学生认识的主体性征作为关键的效度指标。现行的标准化测试，作为社会治理的工具，看上去是简便的、低成本的。但，过度的依赖标准化测试，不可避免地抑制了学生的主体性，如果将学生认识的主体性征作为关键的效度指标，则是测不准的，因而也就是低效度的。既然测不到或测不准应该测得的，那么现行的标准化测试作为社会治理的工具，对素质教育来说，就是简陋的、低效的，因而也是高成本的。

值得宽慰的是，所指出的应试教育的这些现象，在素质教育语境下的中考改革中，已经有了不少解冻松土的变化，尤其在顶层设计上，已经整体性地出现了范式转移的跃迁。作为中考改革的第一个文件，《关于中考语文考试改革试点工作的指导意见》（1998 年 4 月 10 日），就开宗明义指出："中考语文考试改革应符合国家的教育方针，体现义务教育阶段语文教育的性质与要求……突破应试教育的模式，发挥考试的正确导向作用，有利于建立语文学科的科学评价体系。"直指必须"突破应试教育的模式"。为全面落实素质教育，改变长期以来中小学评价与考试只重视选拔功能，忽视改进与激励的教育功能；只注重学科成绩，忽视学生全面发展和个体差异；以及考试命题中大量存在偏题、怪题的现象，2002 年底，经国务院同意，教育部下发了《关于积极推进中小学评价与考试制度改革的通知》（教基〔2002〕26 号），明确提出中考改革要"改变以升学考试科目分数简单相加作为唯一录取标准的做法，力求在初中毕业生学业考试、综合素质评定、高中招生录取三方面予以突破"；建立以促进学生发展为目标的评价体系，改革升学考试与招生制度等，使考试评价制度成为落实素质教育的保障，发挥引导中小学校教育教学改革的作用。中考改革"三个突破"的要点，第一，学业考试：学业考试命题"必须依据国家课程标准，杜绝设置偏题、怪题，要采用形式多样的考试方式，使学生在考试中有展示特长和潜能的机会"。考试内容要注意联系教育教学和学生实际，要探索采用等级呈现考试成绩的方法，扭转分分计较，以分数论英雄的"应试教育"倾向。第二，综合素质评定：建立切实可行的学生综合素质评定制度，将道德品质、公民素养、学习能力、交流与合作、运动与健康、审美与表现等六个方面作为学生的基础性发展目标，进行综合素质评定，全面、准确、客观、公正地反映学生的成长和发展情况。第三，高中招生录取：建立多样化的高中招生制度，将初中学业考试成绩和综合素质评定结果共同作为招生录取的依据，改变以升学考试科目分数简单相加作为唯一录取标准的做法，综合考虑学生的整体素质和个体差异。普通高中招生要着眼教育公平，积极探索建立招生名额分配、优秀学生公开推荐等制度，促进基础教育的均衡发展与和谐社会的建设。以上引述，是政策内容和政策话语。它们能够在与理论话语的相互转换中，在框架维度上和核心点上形成契合，从不同的属性和功能共同对中考改革的素质教育范式予以支持。

初中毕业升学考试与普通高中招生工作，作为政策的执行和实施，也还是发生了"宽而浅"的变革。所谓"宽"是说变革的普遍性，所谓"浅"是说根本性的有深度的变革远还不够。但不管怎么说，既有的变革当是可喜的，未来的变革也是可期的，总是处在"希望"中。政策所强调的考试内容要注意联系社会现实、联系学生生活，以及大力倡导和指令性要求的综合素质评价，正说明变革的方向，总是不断朝向"人"的，不断回归"学习—实践"的；也就是说，"以人为本"和"因于学习"，已然成为中考改革的方向；事实上，在中考改革的实践中，我们也普遍看到这方面的种种努力和成效。各地所有的中考命题指南之类的文本（文件），无一例外，都要求命题联系社会现实、联系学生生活。各地组织的中考试卷的分析报告，也无一例外将此作为特点和成绩标举出来。但是，老实说，好的例子固然是有，似是而非、不得要领的也还不少，更多的是在题干上做些穿靴戴帽的表面化的"联系实际"、"情境化"的修饰，如：

> "嫦娥"一号探月卫星的任务之一是测定氧、硅、镁、铝、钙、铁、钛、钠、锰、铬、钾、钍、铀、镧等十四位元素在月球上的分布情况，请填空。
>
> （1）铝的元素符号是_____；
>
> （2）钾的氧化物的化学式是_____；
>
> （3）铬（Cr）的化合价为+3，其硫酸盐的化学式为_____；
>
> （4）请写出由上述元素形成的一种单质，并说明其用途：
>
> _____。

这是 2008 年福建省某市中考化学试卷中的一道题目。本题的情境与问题脱节，四个问题可以不依赖题干的情境而完全独立成为一个个问题。但，我们在正视问题的同时，还是强调，在总体还处在"应试教育"的压力下，有探索在、努力在，都应该珍视之，并将其发扬光大。在此，特援引一题，以示对中考改革进程中不断回归"学习—实践"的"因于学习的评价"的努力的表彰和致敬：

> 小杰到学校食堂买饭，看到 A、B 两窗口前面排队的人一样多（设为 a 人，$a>8$），就站在 A 窗口队伍的后面，过了 2 分钟，他发现 A 窗口每分钟有 4 人买了饭离开队伍，B 窗口每分钟有 6 人买了饭离开队伍，且 B 窗口队伍后面每分钟增

加 5 人。

（1）此时，若小杰继续在 A 窗口排队，则他到达窗口所花的时间是多少？（用含 a 的代数式表示）

（2）此时，若小杰迅速从 A 窗口队伍转移到 B 窗口后面重新排队，且到达 B 窗口所花的时间比继续在 A 窗口排队到达 A 窗口所花的时间少，求 a 的取值范围。（不考虑其他因素）

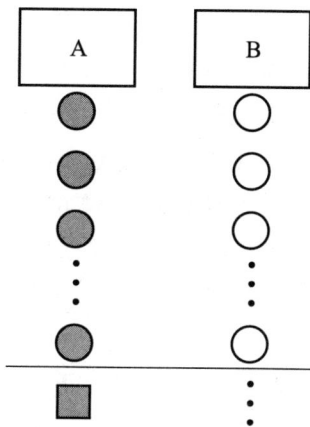

【解答】

（1）A 窗口每分钟有 4 人离开，所以小杰到达 A 窗口所花的时间 t 是：

$t = (a-8)/4$

（2）过了 2 分钟，B 窗口前有 $a-6×2+5×2 = a-2$ 个人，所以小杰到达 A 窗口所花的时间 t_2 是：

$t_2 = (a-2)/6$

根据题意，$t_2 < t$，

所以 $(a-2)/6 < (a-8)/4$

$a > 20$，即是 a 的取值范围

这是江西省 2006 年数学中考试卷的一道试题。本题以学生的身边问题为切入点，背景就是学生熟悉的具体生活情境。通过建立不等式模型，求解不等式，从而得出对行动有指导意义的判断，为行动决策提供有力的支撑，这是在用数学。试题包含丰富的数学知识，考察了运用不等式知识解决实际问题的能力，充分展示

了数学应用的广泛空间。让学生关注身边的数学，并从中提炼出具有社会价值的数学应用背景，独立思考，学会用数学的眼光，从数学的角度，观察事物，阐释现象，分析问题，解决问题，培养应用意识。《数学课程标准》强调从学生已有的生活经验出发，从现实生活或具体情境中抽象出数学问题，用数学符号建立数学模型，求出结果并加以解释和应用。方程和不等式都是刻画现实世界的数学模型，是将实际问题数学化的过程。可以这样说，本题设计的情境是每个学生都曾遇到的情境，设计的问题也是每个学生都曾深浅不一地思虑斟酌过的问题；而且，本题的情境与问题紧密相连，没有常见的情境设计与问题设计两张皮的缺点。

第四章 方法论

一、实践方法论的智慧性征和整合功能

我们这里讨论的当然是教育方法、教学方法和测评方法，尤其是测评方法。但这些具体的方法，处在方法论系统中的次生层面，所以有必要大处着眼，从头说起。

方法论，就是人们认识世界、改造世界的一般方法，是人们用什么样的方式、方法来观察事物和处理问题。概括地说，世界观主要解决世界"是什么"的问题，方法论主要解决"怎么办"的问题。因此，方法论问题，必须顺着本体论与认识论"接着说"和"一起说"。一般说来，有什么样的本体论就有什么样的方法论，有什么样的认识论就有什么样的方法论。本体论，是认识论和方法论的"源点"。我们所以说是"源点"而不是"原点"，就是因为我们的"确定有'人'在，但'人'处在不确定中"的本体论确证。所谓不确定性，就在于人处在实践的变化、发展中。强调"源点"而不是"原点"，意在强调是"源发"而不是"原本"。认识论是方法论的"原理"。方法论可以看成是认识论的大大小小的运行机制。从原理的角度看，最高一层的方法论与认识论常常是很难剥离开来说的。所以我们说，方法论问题，必须顺着本体论与认识论"接着说"和"一起说"。

方法论，是一个由若干子集构成的系统。恩格斯《自然辩证

法》中认为，人们对对象的把握与研究产生了适用于该对象的方法，再以这一方法去关照别的对象，就产生了方法论层面的跃迁或抽象，这一过程无限地进行下去，就形成了方法论上的三个层次：关于人类认识世界、改造世界、探索实现主观世界与客观世界相一致的最一般的方法是哲学方法；研究各门具体科学，带有某一类共同性质与意义，适用于许多有关领域的方法是一般科学方法；研究某一具体学科，设计某一具体领域的方法是具体科学方法。恩格斯指出，三者之间的关系是相互依存、相互影响、相互补充的对立统一关系；而哲学方法在一定意义上具有决定性作用，它是各门科学方法的概括与总结，是最一般的方法，对一般科学方法、具体科学方法有着指导意义。

辩证唯物主义和历史唯物主义的世界观和方法论，是马克思主义最根本的理论特征。辩证唯物主义是在总结自然科学、社会科学和思维科学的基础上创立的一系统科学的逻辑理论思维形式。历史唯物主义是人类社会发展一般规律的科学。作为方法论的辩证唯物主义和历史唯物主义，是我们主张的方法论体系的最高子集。我们可以给这一最高子集，给整个方法论体系，命名为实践方法论。马克思主义的不竭的生命力，首先在于它的实践品格。实践的观点是马克思主义的根本观点，它既是唯物主义历史观、价值论的基本范畴，也是认识论和方法论的基本范畴。我们说实践方法论，则是要求方法论以及方法是实践的。作为实践方法论和实践的方法，展示给我们一系列方法论的新的图景。如果说要给这样的实践方法论图景一个概貌的描述的话，与其说它是智力工具的条陈，毋宁说它是智慧状态的呈现，亦即实践着的主体"人"呈现出的诸般智慧的状态——智慧的生成与运作、自得与欣喜、渴望与焦虑、健旺与孱弱等等。为了便于进一步简明申述，我们引用台湾学者陈利铭、吴碧如《论智慧与智力》①的论述，来加以阐明。这是一篇文献价值与学术价值俱佳的论文。

　　由内隐理论观点来研究智力与智慧，可分析出四项重点进行讨论。首先，智力与智慧均是多面向的概念，而非单一内涵要素所能诠释；其次，西方研究的智力及智慧构念均重视推理、判断能力等认知层面，使得智力与智慧概念具有概念重叠性；第三，东方的智慧观点强调知识及情感涉入，有别于西方仅注重认知层面；第四，智力与智慧的差别在于后者包含了情感、社会谦逊、睿智等要素。

　　就外显理论观点来讨论智慧与智力，可归纳出四项结论：首先，不同的学者对智力及智慧的界定仍有歧义存在，相同的是均认为智力与智慧是多面向的概念而非单一内涵要素所能诠释。第二，智力与智慧均是高阶层的认知过程运作与多元智力能力的展现。第三，不同于智力较注重于认知层面，智慧则更强调多元面向的统整，包括认知、情感、意欲或行动等。第四，智慧具有趋善的意向性，此乃智力概念所未企及。

约之，如该文所述，智慧概念可以包括智力概念；智慧与人性、生命、情感、意欲、意志、策略等紧密相连；智慧具有多种元素的统整功能，包括对智力及其元素的统整功能；智慧具有德性，"具备趋善的意向性"。

　　北京著名的潭柘寺观音金身之上匾额题曰："智慧无碍　愿力恒深"。"智慧"云云，近乎我们这里所说的实践的智慧，只是在佛教中，实践表现为修行；"无碍"云云，正是"智慧"视野与

---

① ［台湾］陈利铭、吴碧如，论智慧与智力［J］，教育研究学报，41，（2）.

格局的宽博恢弘；而"愿力恒深"，可以理解为"智慧""势能"之健旺与持久。在佛家里，智慧亦即"般若"，具有根本性，是最高的方法论。佛家非常注重"方便"。"方便"作名词用时近乎"方法"。北凉高僧昙无谶译《菩萨地持经》，广说大乘菩萨修行之方便，内容分为初方便处、次法方便处、毕竟方便处三部分，凡二十七品。"毕竟方便"的"毕竟"就是"究竟"、"根本"的意思。"毕竟方便"，就是可以表现本体论和认识论的最高层次的方法论。实践方法论，或者说智慧方法论，或者说智慧的实践方法论，就是"毕竟方便"，对其他方法论和具体方法具有统御地位和统摄功能。作为智慧的实践方法论，是由智力体系、知识体系、方法与技能体系、非智力体系、观念与思想体系、审美与价值体系等多个子集构成的复杂系统。包括遗传智慧与获得智慧、生理机能与心理机能、直观与思维、意向与认识、情感与理性、道德与美感、智力与非智力、显意识与潜意识、已具有的智慧与智慧潜能等等众多要素。要言之，实践方法论，是真善美兼备的方法论。实践方法论的智慧性征，就在于人是实践者，人是实践着的：人之为人，是具有实践的本性和意向的，是能动的，因而也是主体的；人之为人，必然身处实践的场域之中开展"自由的自觉的活动"；唯其实践，主体与客体、人与自然、人与社会、人与自身、历史与现实、历时与共时……才有了种种交集、交互、交融；唯其实践，为人自由的打开和发展提供了丰富的自然的、社会的、精神的资源。

所以说实践方法论是智慧的，而不是智力的，准确说不仅仅是智力的，是因为就方法论象限说，与智慧概念相比较，智力概念代表着唯理智主义思维方式，或者说具有导向这一方式工具的价值性诱惑。根据霍桂桓《论实践哲学研究的方法论问题》①的论述，唯理智主义思维方式研究的根本取向是："立足于抽象的认识主体和认识对象的分裂对立，力图以富有机械色彩的直线性客观因果性为依据而获得绝对客观、绝对普遍有效的真理——这种取向就其本身而言虽然无可非议，但其中却隐含着对所有各种具有社会性和个体主观性的现实成分，特别是对各种主观活动、主观体验和感受的忽视、贬低、甚至彻底抹煞。显然，这样一来，它是不可能恰当地看待和研究既改造包括社会世界在内的客观世界，又改造包括所有各种主观成分的主观世界进行的社会实践过程的。"唯理智主义思维方式研究的基本方式是："研究者只集中着眼于被研究对象的'共时性'维度，亦即只主要关注被研究对象的客观现状，力图通过'透过现象看本质'而得出具有绝对的客观性和普遍有效性的研究结论，因而基本上忽视了被研究对象的'历时性'维度，没有充分重视这种对象的生成脉络……实际上，作为既改造客观世界、又改造主观世界的现实社会活动过程的实践，其不同于相对静态的中观自然物质对象的根本特征之一，恰恰是通过各种各样的历时性维度体现出来的、不断变化生成的活动过程。因此，这种忽视被研究对象的历时性维度的哲学研究方式不可能适合于研究实践。"唯理智主义思维方式研究的基本步骤是："研究者往往试图最大限度地舍弃包括被研究对象的实质内容在内的、所有各种有可能发生变化的成分和因素，通过不断采用越来越纯粹化、形式化和精确化的研究手段和研究程序，力图因此而保证其研究结论的绝对普遍有效性。这样一来，被研究对象的各种无法量化的成分，包括不断变化生成的社会成分和主观

---

① 霍桂桓，论实践哲学研究的方法论问题 [J]，学术研究，2008，(6).

体验成分，便都被排斥在研究者的视野之外了——其结果是，尽管从纯粹形式推理的角度来看，研究者因此而得出的结论可能是严格的、严密的和必然有效的，但一旦具体运用于活生生的、不断流动变化的社会生活之中，这种结论的严格性和有效性就会因为各种已经被'忽略不计'的现实因素而大打折扣，而在涉及以社会成分和主观精神成分为本质特征的社会实践过程的时候，这样的严格性和有效性究竟还能存在几何，就更是难以说清楚、这里也不必详细论证的问题了。"最后，就这种研究的具体结论而言："由于研究者采取的上述根本取向、基本方式和基本步骤所产生的支配性影响，其研究结论显然只可能涉及没有生命、情感和欲望的自然物质对象，而对于主体参与其中的社会生活，特别是对于既改造客观世界又改造主观世界的社会实践活动过程来说，则显然会出现两种结果，亦即要么由于研究者的无能为力而对这样的被研究对象，特别是对其表现为活生生的改造过程的本质特征存而不论、甚至置之不理，要么把这种被研究对象与不包含任何社会成分、相对静止的物质对象等量齐观，运用同样的研究模式加以探讨和研究，从而得出削足适履的结果。"霍文对唯理智主义思维方式的种种指陈，对传统的教育教学方法以及大规模、标准化的教育测评方法，具有重要的警示作用。

二、素质教育方法论就是智慧的实践方法论

教育作为人类社会的特殊的实践领域，它的方法论体系同样也是实践方法论体系，具有显著的智慧性征。在当今中国教育改革发展的语境中，我们可以将这一智慧的实践方法论体系称之为素质教育的方法论体系。我们称许的素质教育的素质概念是指："人在先天生理的基础上在后天通过环境影响和教育训练所获得

的、内在的、相对稳定的、长期发挥作用的身心特征及其基本品质结构，通常又称为素养。主要包括人的道德素质、智力素质、身体素质、审美素质、劳动技能素质等。"① 关于素质教育的含义，国家教委《关于当前积极推进中小学实施素质教育的若干意见》（教办〔1997〕29 号）明确解释道："素质教育是以提高民族素质为宗旨的教育。它是依据《教育法》规定的国家教育方针，着眼于受教育者及社会长远发展的要求，以面向全体学生、全面提高学生的基本素质为根本宗旨，以注重培养受教育者的态度、能力、促进他们在德智体等方面生动、活泼、主动地发展为基本特征的教育。"《中共中央国务院关于深化教育改革全面推进素质教育的决定》（中发〔1999〕9 号）进一步阐明："实施素质教育，就是全面贯彻党的教育方针，以提高国民素质为根本宗旨，以培养学生的创新精神和实践能力为重点，造就'有理想、有道德、有文化、有纪律'的、德智体美等全面发展的社会主义事业建设者和接班人。""全面推进素质教育，要面向现代化、面向世界、面向未来，使受教育者坚持学习科学文化与加强思想修养的统一，坚持学习书本知识与投身社会实践的统一，坚持实现自身价值与服务祖国人民的统一，坚持树立远大理想与进行艰苦奋斗的统一。""全面推进素质教育，要坚持面向全体学生，为学生的全面发展创造相应的条件，依法保障适龄儿童和青少年学习的基本权利，尊重学生身心发展特点和教育规律，使学生生动活泼、积极主动地得到发展。"这些关于素质教育的论述，都可以与我们上面引证的智慧的实践方法论相互阐发。素质教育，是相对于"应试教育"提出来的。所谓"应试教育"，是指"在我国教育实

---

① 赵洪海等，面向 21 世纪中小学素质教育论纲［M］，山东教育出版社，1996：3.

践中客观存在的……单纯以应付考试、争取高分和片面追求升学率的一种倾向"①。基于"应试教育"的方法论，必然偏执于智力象限——而且这里的智力，也只能是"过于强调接受学习、死记硬背、机械训练"（《基础教育课程改革纲要（试行）》）的残缺的、呆板的、短视的、低质的智力。具体到教育评价领域，即如《教育部关于积极推进中小学评价与考试制度改革的通知》（教基〔2002〕26号）所指陈的："现行中小学评价与考试制度与全面推进素质教育的要求还不相适应，突出反映在强调甄别与选拔功能，忽视改进与激励的功能；注重学习成绩，忽视学生全面发展和个体差异；关注结果而忽视过程，评价方法单一；尚未形成健全的教师、学校评价制度等。""评价方式单一"的"应试教育"的方法论及方法，"过于注重知识传授"，"过于强调学科本位"，"过于强调接受学习"，"过分强调甄别与选拔的功能"（《基础教育课程改革纲要（试行）》），我们可以称之为低质量的唯理智主义倾向的教育评价方法论及方法——所谓低质量，不是说唯理智主义是低质量的，而是说它是唯理智主义中的低质量的部分和层次，也就是前文所述的偏执于"残缺的、呆板的、短视的、低质的智力"。它不是智慧的，它也不是好的智力的，它是低"智"缺"慧"的。这样的低智缺慧的方法论体系及方法，有时确乎也很努力，比如说对测量专业的追求，表现出求真的意愿，只是这样的求真，移植于素质教育的教育实践语境，"求真"的同时，便是"失真"，因为在"不要增加超过需要的实体"的规则下，"应试教育"的方法论及方法的"奥卡姆剃刀"，将教育的许多更有价值的元素都剃掉了。"应试教育"的方法论及方法所以如此，正因

① 李岚清，面向21世纪，开创基础教育的新局面［M］，北京师范大学出版社，1997：25.

为它是素质教育"为了学习的评价"的倒置，亦即"为了评价的学习"。正如王湛在 2001 年 7 月 30 日在全国基础教育课程改革实验工作会议上的讲话中指出的："以前更多关注的是学习的结果，而忽略了学生是通过什么样的学习方式和策略来学习的，死记硬背、题海训练得到的高分，掩盖了学生在学习方式上存在的问题。"所以，必须将被倒置的重新倒置过来，否则，素质教育无从上升到方法论的层面，而只能局限在具体方法层面甚至只是些点缀性的修辞。我们在中考改革的实践中常常看到，诸般指向素质教育的对策和诉求，因为身陷应试教育的治理体制和价值体系中，往往只是将原先的面目可憎转换为面目可笑，比如说"综合素质评价"与招生录取工作的"假挂钩"、"软挂钩"现象。为了更直观地说明问题，试举 2008 年某省某地级市"思想品德"中考试题以窥一斑。

在汶川 8.0 级大地震发生十余小时后，一位满脸是血的北川男孩——3 岁的郎铮从废墟中被救出。就在武警官兵准备把他转移到安全地带时，他艰难地举起还能动弹的右手，虚弱而又标准地敬了一个少先队队礼。（见右图《敬礼男孩》——按：本书引用略去图）据此回答 9 ~ 10 题：

9. "敬礼男孩"对武警官兵敬礼表达的意思是

A. 我是少先队员

B. 叔叔，谢谢你们救了我

C. 我要当兵，向你们学习

D. 你们很伟大，我向您们致敬

10. 从画面看，"敬礼男孩"的举动表现了他

① 面对挫折，刚毅顽强

② 面对挫折，勇敢无畏

③ 年幼无知，心智不全

④ 作秀表演，才能非凡

A. ①②　　　　B. ③　　　　C. ④　　　　D. ③④

我们不能否认命题者在编制这两道题目时对诸如时代性、情境性、道德认知、情感体验等元素的追求。但，结果呢？却搞得左右不是、面目可笑。从测量专业的角度看，效度出了大问题。"A.我是少先队员"，肯定是错的，因为"敬礼男孩"才3岁，但焉知是不是男孩就是"很懂事"，有"我是少先队员"的自我意识呢？再说，"3岁是不是少先队员"这个问题，不应该作为本道题目的设计点。也就是说，通过"敬礼男孩"这一题材，测量学生关于"少先队员"的年限的知识，应该视为无效度。"D.你们很伟大，我向您们致敬"，"您们"这样的错词属于语文知识的范畴，以此来作为考生选择依凭的干扰信息，也应该视为无效度。"③年幼无知，心智不全　④作秀表演，才能非凡"，谁看了，都不会选择是对的，也就是说作为错的选项，毫无干扰性，同样也应该视为无效度，而且因为没有人会选择，这两个选项也就失去了区分度价值。为什么会出现如此面目可笑的状况呢？虽然命题者表现出对素质教育的追求，但在"应试教育"的语境中，时代性和情境性只能僵化为新图文材料，道德认知和情感体验只能硬化为学科性知识，"观察—理解"的模式被塞进了"指标—量化"的模式之中，命题者本来有所指望的一些复杂元素，在这两道题目中都被"应试教育"的方法论及方法的"奥卡姆剃刀"刮得一干二净。

素质教育的方法论，作为实践方法论，也是智慧的方法论；或者说，是更加智慧的方法论，因为教育是培养人的事业，是最直接的关乎人的事业。素质教育方法论，是由若干子集构成的丰富的方法论体系。每个子集的各元素的集合，以及子集与子集之间的关联，必定是开放的。所以说它是开放的，就其现实性来说，是因为实践本身是丰富性的、开放性的，任何学理都不可能以"一家之言"来限制它，在这里理论自洽的要求和追求，应该让位于实践的需求和诉求。下面引用《我们如何学习》一书中的一段话，大致可以说清问题：

> 本书的一个基本观点是：要获得一个令人满意的对学习的整体性理解，所有这些学术领域和学派都会有自己重要的贡献。从科学理论的观点看，像这样横切式的路径常常被视作是极端负面和可疑的，至少在心理学这样一个有着多个相互争鸣的学派的学科中。它被贬损地贴上了"折中主义"的标签，即不连贯的或没有一个清晰和完善的界定基础。
>
> 然而对我来说，始终有这样一个基本出发点，对于学习这样一个广泛而复杂的领域来说，如果我们不能将如此之多的学术方法联系起来，那么想要获得充分的理解是不可能的。心理学界中有太多的精力浪费在不同学派间的争斗中，而不是相互合作以找到彼此之间的联系点。[1]

但这绝不等于说实践的方法论就是简单的杂取种种的什锦拼盘。所以说它是开放的，还在于就其可能性来说，是因为智慧的统御地位和统摄功能。"智慧为多面向的统整概念"，涵盖智力而又超越智力，属于全人（holistic person）教育的范畴——美国的隆·米勒（Ron Miller）提出了全人范式（holistic paradigm）的概念，可以用以来解释我们这里提出的智慧的方法论；也可以说，我们这

---

① ［丹］克努兹·伊列雷斯，我们如何学习——全视角学习理论［M］，孙久璐译，教育科学出版社，2010：7。

里提出的智慧的方法论，可以用来解释全人范式的概念。全人教育强调知性认知（intellectual cognitive）领域与情意爱恋（emotional affective）领域的整合。然则，整合者谁？答曰：人的智慧。隆·米勒的学说就直接提出，全人教育是用人文教育（humanistic education）的方法来达到全人发展的目标。① 所谓智慧，类乎人文教育，但包含人文教育又超越人文教育，正如包含智力又超越智力一样。正是实践的丰富性和智慧的统整功能，使素质教育的方法论有了极大的开放度、包容性和解释力。

新世纪课程改革主要依据的是建构主义理论。建构主义不仅是一个哲学理念，而且是一种教学研究范式或教学观念，它与传统教育观念的区别涉及教育理论的各个层面，并已日益成为当代社会关于学习与教学的一种主流思想，对教学实践产生着越来越深刻的影响。建构主义从非客观主义的认识论出发，对学习和教学作出了全新的解释。其要义是知识的学习应该是学生在教师的指导和帮助下，在具体的学习情境中，以自己过去已有的经验为基础，以自己独特的方式进行意义建构的结果。建构主义的理论为推进我国新世纪课程改革发挥了重要的作用，有力促进了我国中小学教学方法和学习方式的变革。但是，必须注意到，"在国际上，'建构主义一直没有逃脱过批评'"②。温和的建构主义，具有相当的包容性，其"建构"（construct），有着类似于在实践中学习知识的意思。但，激进的建构主义，则走向了与早期行为主义的机械决定论相对的客观世界不可知的极端主观主义，与实践认识论和实践方法论产生了很大的偏离。糟糕的是，激进，几乎

---

① 参见：谢安邦、张东海，全人教育的理论与实践［M］，华东师范大学出版社，2011.

② 张红霞，建构主义对科学教育理论的贡献与局限［J］，教育研究，2003.7.

是建构主义的基因冲动，成了日后建构主义的主调，这也是建构主义在现代西方日渐式微的原因之一。当然，我们不得不承认，针对我国基础教育的现状，建构主义给我们提供了许多对症下药的良方。建构主义与其他理论和学派一样，显然都不能完全解释丰富复杂的教育实践。只有实践方法论，也就是我们引之于教育所称的素质教育的方法论，因为实践的丰富性和智慧的统整功能，才能表现出对教育的理论和实践的极大的开放度、包容性和解释力。当然，素质教育方法论的海纳百川，并不等于没有原则地悉数尽收。原则若何？两条：一条是"为了人的"，这是目的性原则；一条是"因为人的"，这是规律性原则。"方法论"具有同一性，"方法"具有差异性。完备的方法论体系应是方法论与方法的统一。方法论决定着思维的路线和实践的方向，而方法更侧重于微观的技术和具体的策略。在实践中，应该在方法论的统合下，将宏观方法论与微观方法统一起来，以保证实践的方向性，操持实践的价值观，同时保证实践顺利、高效、科学地进行。我们说，实践方法论是由若干子集构成的系统，也就是说每一个集合都是实践方法论的真子集，由此构成了实践方法论的同一性。但是，千差万别的"方法"，如何能被赋予共同元素，组成更多更新的子集，进而作为实践方法论的真子集，共同构成实践方法论的同一性的世界？这是实践方法论的一个重要命题。别的方法论体系，为了保持自身的理论纯洁和自洽，宁愿将许多呈现出差异性的"方法"剔除在外，甚至不愿意预留空集作为与时俱进、与时俱变的等待。但，作为"毕竟方便"的实践方法论因为实践自身的丰富性和智慧的整合功能，呈现出与其他体系的方法论迥乎不同的品质和气质。马克思："理论的对立本身的解决，只有通过实践的途径，只有借助于人的实践力量，才是可能的。"① 差异性的"方法"譬如形质各异的金属片，而实践方法论统摄其他方法的"为了人的"目的性原则以及"因为人的"规律性原则譬如磁石，能够在人的实践的场域中给予那些金属片以磁性，从而构成不同的子集，为人的实践和实践中的人所用，为实践方法论体系所有。"建构主义学习与教学理论有着表现自己'生命力'的'定义域'，不能解决学习与教学中的所有问题。""建构主义的学习理论侧重于解释基于高级认知的理解性学习，强调以发展意义为先，而不是以行为训练或传递完好结构为先。"② 那么，在高级认知的理解性学习中，建构主义显然为我们提供了许多既合目的又合规律的方法。但，这不等于说行为训练就一无是处，也不等于说系统知识的传授和学习就不重要。适度的行为训练有人的自身的生理和心理的客观依据。但，它们只能限制为具体的方法，不能衍生和上升为方法论，否则就掉进了行为主义的泥坑。行为训练，必须是"为了人的"、"因为人的"，任何因之取缔学生作为学习主体从而将学生对象化的取向，都是不足为训的。比如记诵之法，当然不可或缺，但若强调的是死记硬背，长此以往，习得的知识只能是记死了背硬了，无用无趣，徒无益也。系统知识的传授、完好结构的传递，在教学和学习实践中仍然必要。但是，所谓仍然必要，不能说教学就可以是单向度的传授和传递，当然更不能成为灌输式、填鸭式的理由，否则，学生最多只能局限为死的知识的习得者，而不能成为全面而有个性的发展者。比如说讲授教学法，因为与接受学习法相配伍，长期以来一直招致诟病，"但在

---

① 马克思恩格斯全集（第42卷）［C］，人民出版社，1979：127.
② 裴新宁，建构主义与科学教育的再探讨［J］，全球教育展望，2006.5.

学校的教学实践中，它们仍然是传授科学文化知识的一个主要手段"①。讲授教学法，确实不可废止也无从废止。但在实践方法论的体系内，讲授教学法所接应的接受学习，必须是奥苏贝尔所倡导的"有意义的接受学习"。首先，要促进学生的"有意义的接受学习"，所讲授的内容对教师来说就不能是被动地接受，教师在讲授的过程中充当的绝不应该是一名搬运工。海德格尔在《在通向语言的途中》有一段艰涩的阐释，要义是，说者就是听者，看似让人费解，实则发人深省。② 说者就是听者，也就是教师的讲授应该是建立在自我对话的基础之上，这就几乎是给教师之于所要讲授的内容提供了主体性原则。其次，要促进学生的"有意义的接受学习"，教师的讲授过程还应该是复杂的师生对话的过程，在这个过程中有偏于认知的师之思考与生之思考的相互启发和激发，还有讲授过程中偏于心理情感的教师与学生的"思忖"与"思忖"的相互接应和感应，从而达到"他人有心，予忖度之。跃跃毚兔，遇犬获之"（《诗经·节南山之什·巧言》）的"有意义的接受学习"的境界。总之，在素质教育方法论体系中，有些方法，天然具有方法论的属性和价值，如启发式、因材施教、合作学习、探究学习等等；有些方法，直接衍生和上升为方法论，则是危险的，需要"为了人的"目的性原则以及"因为人的"规律性原则去磁化它们，使它们获致智慧的品性。"智慧无碍"。如此，行为主义、实证主义、经验主义、建构主义、后实证主义、实用主义，等等。它们的丰富而复杂的方法，都可以在实践的语境中，由智慧来统整之，从而构建起"泱泱乎，堂堂乎"的开放的素质教育方法论的宏大体系。

---

① 施良方，学习论［M］，人民教育出版社，2003：222.
② ［德］海德格尔，在通向语言的途中［M］，孙周兴译，商务印书馆，2010：254.

素质教育范式的教育测评方法，作为素质教育方法论的重要的子集，同样承接了其所属的素质教育方法论的禀赋。素质教育范式的教育测评方法论及方法，也同样是由若干子集构成的开放而丰富的体系，几乎所有的测评工具、任务、活动，都可以包容其里。但是，亦如上文所申明的，在素质教育范式的教育测评方法论体系中，有些方法，天然具有方法论的属性和价值，如现代教育测评所提倡的诸如成长记录袋之类的表现性评价，以及我们政策所倡导的"综合素质评价"等等；而有些方法，如填空类、选择类、简答类等测评工具，直接衍生和上升为方法论，则是危险的，需要"为了人的"目的性原则以及"因为人的"规律性原则去磁化它们，使它们获致智慧的品性。填空类、选择类、简答类等方法，当然是必要的，但如果因为它们的必要性，而扩展和提升到方法论的层面，则是错误的。首先，需要在一次或一系列完整的测评的整体结构中安排它们的位置和比例——它们可以单一考查学生对事实性知识以及概念性知识的记忆水平，但它们被结构化地控制在它们应有的范围之内；其次，还可以带入"思考"的因子而软化、活化"记忆"的功能，如无锡市 2009 年语文中考卷题：

> 流落缅甸 67 年而始终不肯加入缅甸国籍的抗战老兵赵雷，在异国他乡，看到孤舟漂泊于河湖之中，孤雁飞翔在天空之际，含泪吟诵起孟浩然《早寒江上有怀》中"_____"的名句来。

"全国中考语文评价组"《2004 年初中毕业升学考试语文学科命题改革与教学建议》[①] 指出："应使知识落实在具体的语言环境、背

---

① http://www.doc88.com/p-634723892944.html

景中去考核，而不应要求学生凭孤立地记忆和背诵来复现这些知识本身。""提倡多采用带有具体语境的填充题，要减少只凭单纯记诵才能作答的填充题"。本题在带入理解和思考的同时，还使学生潜移默化地受到情感熏陶，一方面通过情境和资料的提供倡导了理解性记诵，另一方面借助一定信息的提示降低了默写填空的难度。当然，所谓的软化和活化，不应该是效度的溢价，而应是效度预设的应有之义，也就是说我们出题的目的已不仅仅是考查学生对知识的记忆水平，还考查了其他更高一级的认知能力，比如说对知识理解的精准度、一定的推理和甄别能力等等；最好能够合理合度地嵌入到复杂思维的考察中——也就是将它们带入到应用知识的某个情境或某项任务之中。高中学校招生录取的标准和方法，是素质教育范式的教育测评方法论的重要的子集。中考，作为高利害的教育测评，评价的功能事实上主要落在这样的环节。目前，我们中考的考—录基本上还是工作层面的前后相续，似乎还没有形成价值融通和影响机制。学生的能力水平和倾向都简约成阿拉伯数字的分数或者英文字母的等第，可供选择的丰富的价值异化为高低排序的单一的数值，价值传输必然严重受阻。如何既在制度上又在技术上建构畅通而又有效的考—录价值链，使考—录价值链更多地传导素质教育的"电荷"，确实是需要整体设计、精心设计的系统工程。简言之，从方法论和方法的视角看待，考—录价值链的构建，基本路径，应该是理念指引—制度保障—技术实施的系统传递；基本属性或者说基本性向，应该是科学性与人文性的有机结合，我们也可以理解为智慧对智力的包涵与统整；基本功能，应该是选拔性与选择性的相互为用，这其中选择性将越来越成为主要功能，要求选拔性与之承接和相应。关于考—录价值链的议题，这里暂时存而不论，留待政策研究部分具体讨论。

关于中考的方法论和方法的讨论，我们也主要留待技术研究部分细加观察。技术研究部分，当然主要是讨论方法。但，我们拟将方法论作为讨论方法的重要的视角之一，也就是对具体方法予以价值考察。价值考察的依凭，就是"为了人的"目的性原则以及"因为人的"规律性原则。

三、教育测评本身的局限性

我们这里简要讨论一下教育测评本身的局限性。所谓的教育测评本身的局限性，既指我们现在通行的教育测评手段和方法的局限性，也指理想的教育测评手段和方法的局限性，由此引出的结论是，教育过度依靠测评是危险的。测评，就其"原初状态"（套用罗尔斯《正义论》的概念）来说，是主体的反思行为——反思，作为主体自我建构和自我确证行为，纵向说，是就自我经历和经验的总结性的"返回"之思，所谓没有总结就没有提高；横向说，是参照其他主体的比较性的"返身"之思，所谓没有比较就没有鉴别。这样的反思"既是反思，也是元学习"①。套用罗尔斯"原初状态"的概念，主要是便于指出测评乃人具有自知性的"原初"的行为。对此，当然可以展开本体论的思辨，但这里只需点到为止，不必赘言。现在的教育测评，尤其是像中考、高考这样的高利害的测评，已经成为对教育、学校，尤其是学生的社会治理行为；其流弊所至，就是教育分级带来的竞争"改变了学习出自本能的态度"②。由于中考、高考之关乎利害如此之高，以至于其他的看似低利害甚至无利害的测评，都不得不成为中考、

---

① ［丹］克努兹·伊列雷斯，我们如何学习——全视角学习理论［M］，孙久璐译，教育科学出版社，2010：72.
② 同上，220.

高考的形式各样、程度不等的预制和预演。作为社会治理行为，学生被对象化。而大规模标准化考试对基于信度的常模的高度关注，则使学生类化。于是，主体被虚化，测评的原初的自我设问的反思功能不断衰减，甚至走向反面，成为一套社会的控制制度。教育测评已经成为当今教育学中的显学，中考、高考已经成为我们社会生活中如此重大的事件，以至充满了某种"压倒性"的优势和力量。它们在不断构建铁律的自我需求和理论冲动中，独立壮大，繁荣昌盛。统计学、测量学带着自身专业壁垒的优势，有着重要的甚至是主要的话语权，教育教学越来越处在陪侍的地位，大部分教师教研员、学科专家、课程专家只能在略知其规则和术语的条件下努力与统计学、测量学接上茬对上话。各种复杂的分析统计的方程和软件以"悉由朕出"的话语权，掌握着对测量结果处置权利。教育测评，本来是教育教学的一个环节，现在却渐行渐远，自成堡垒。在测量学、统计学专业引领下的教育测评往往陷入越精细越不准确、越周密越不周延的实践悖论，"最完美、最有效的考试却导致最糟糕的学习"（王少非）①。我们如此指责现行的教育测评，并不是想否定之、取缔之。现行的教育测评，是历史的产物，是主体发展到了一定阶段，分裂出的自己的对立面，亦即异己的力量，当然有它历史的理由。问题是，一方面，现行的教育测评，仍然蒙受着"应试教育"的巨大压力，或者直接说，构成了"应试教育"的巨大的压力源，也就是说，它本身已经"不合时宜"，很大程度上丧失了历史的合理性和正义性，必须"与时俱进"，予以改革；另一方面，必须谨记杜威的名言："教育是社会进步和社会改革的基本方法。"作为异己的力量，现

---

① 崔允漷，王少非，夏雪梅，基于标准的学生学业成就评价［M］，华东师范大学出版社，2008：总序5.

行的教育测评必须为扬弃自身而趋向于人的自由而全面的发展准备全部条件，如何尽可能地恢复人的主体性、发展人的个性，是改革现行的教育测评的应有之义。甚至，我们可以满怀人道主义情怀，顺着马克思关于"共产主义是私有财产即人的自我异化的积极的扬弃"的历史逻辑而作如是观：中考改革以及对现行教育测评的改革，乃一场"历史之谜的解答，而且知道自己就是这种解答"① ——所以说"知道自己就是这种解答"，就是说中考改革的答案就在中考改革的具体教育实践的"希望"之旅中，在这一"希望"之旅中，人的主体性、目的性的诉求灌注其里、相随始终，我们于此的真诚而真实的所作所为，对人亦即学生的发展都是提供一次次令人充满无限期待的"解蔽""开显"的机会，因而都是应该的和值当的。

上一段不免宏观之论。现在我们来靠船下篙论及中考的局限性——中考主要作为甄别、选拔的手段，其真实性、真诚度如何？真诚度，是指是否是为了学生、因为学生，顺着说也是是否是为了学习、因为学习。就此一问，至少我们要做出非常肯定的回答仍然是很不充分的。真实性，是就上一问再续问"如何"：如何为了学生及其学习，这是目的性原则；如何因为学生及其学习，这是规律性原则。在此，以纸笔测试为主的中考的局限性就是，它天然性地不具备教育与教学的全息功能。试题与试卷，既不能反映知识的完型，更不能反映学习的完型，当然就不用说学生作为人的完型了。知识作为广义文本，试卷的试题只是文本的碎片化，认为通过它就能了解学生的学习状况的想法，只能是"断章取义"；试题反映出来的是学生对知识的反应，我们一般称之为学业

---

① 马克思恩格斯全集（第3卷）[C]，人民出版社，2002：297.

表现（performance），认为通过它就能指望由"点"辐辏式地代表"面"、由"现象"直线式地揭示"本质"，必然只能是"望文生义"。当然，会有人说，我们可以通过对试题作为样本的代表性的要求，来保障一张试卷"疏而不漏"，真实地反映学生的学习性向和学业水平。老实说，这只是神话式的许诺。其一，"应试教育"下的题海战术，要求学生面对试卷能够"一看就会，一做就对"，分数所能标志的差不多就是通过题海战术这样的反复刺激下的行为主义式的解题的熟练程度。有人戏问著名数学家山东大学彭实戈院士："彭教授，假如给您一份高考数学试卷，你能不能得满分？"彭教授笑着说："肯定不能！甚至连考山大的分数都达不到！"① 很重要的原因之一是，院士的真实的数学能力并不等同于应试的快速应激反应能力。但没有办法，在"应试教育"这里，"来不及做＝不会做"。"习伏众神，巧者不过习者之门"（《阅微草堂笔记·槐酉杂记》），"巧者"也好，"众神"也罢，终究是敌不过日复一日反复式的操练者的。其二，赋分的剃刀不得不剃去那些无法赋分的反应，文科的命题只好仿学理科命题的方法。理科的命题又不得不走学科本位的路数，而与教育学相割裂。爱因斯坦在《培养独立思考的教育》曾说过："用专业知识教育人是不够的，因专业教育可以使人成为一个有用的机器，但不能成为一个和谐发展的人。"② 隆·米勒提出，全人教育是用人文教育的方法来达到全人发展的目标。即便是教学过程如是而行（这也是新世纪基础教育课程改革的价值追求），到了现行的以纸笔测试为主的中考，又能做到什么程度，又能做成什么样子呢？荷尔德林说："如果你有'脑筋'和'心肠'，那么，只表现两者之一就

---

① 齐鲁晚报，2004.07.10.
② 参见：爱因斯坦文集（第3卷）［C］，商务印书馆，1979.

好了；如果你同时表现出两者，则两者都会诅咒你。"① 这是典型的十九世纪开始盛行的科学主义世界观和方法论，将主观与客观、科学与人文相对立，如此只能催生片面的人。我们的教育，就是要培养既有"头脑"又有"心肠"的人，但如果我们把"心肠"还原给语文的命题，把"心肠"的因素通过教育学原则融合到数理化的命题，还真说不准会受到命题者、改卷者、分析者、统计者的"诅咒"呢。马克思早在1844年就预言："正像关于人的科学将包括自然科学一样，自然科学往后也将包括人的科学；这将是一门科学。"② 而我们，为此究竟是做了加法还是做了减法呢？李泽厚说："二十一世纪应当是教育学世纪，也是说应当重新确立'意义'，不能像二十世纪一味地否定意义，解构意义。通过教育，重新培养健康的人性，便是重新确立意义。"③ 岂不启人思索？其三，试题命制的效度由于要坐实到具体的分值，不得不规限在具体的某个或某几个赋分点，也就是说赋分要求的剃刀不得不剃去学生做题时可能溢出预设效度之外的那些反应，比如说唯一答案之外的未必就没有道理的别解，比如说不同做题者不同的心理反应。也就是说，试题无法"反映"学生学习的"反应"。佛家说："学佛前，见山是山，水是水；学佛时，见山不是山，水不是水；学佛后，见山还是山，水还是水。""山""水"的背后的"前""中""后"，我们又如何能测得呢？据说著名语文教育家刘国正试做高考语文试卷不及格，著名文学家王蒙在接受《羊城晚报》记者采访时称，有些高考作文题让他一头雾水，"我要是

---

① ［美］A·W·李维，哲学与现代世界［M］，何中华译，台湾志文出版社，1986：55.

② 马克思恩格斯全集（第42卷）［C］，人民出版社，1975：128.

③ http：//www.doc88.com/p-65021346588.html

参加考试，都能交白卷"。要说是效度，那么此"刘国正"与彼"刘国正"，此"王蒙"与彼"王蒙"，效度如何呢？我们只能说效度很差。预设效度带给考试的局限性，几乎是天然性的，即便是被广泛追捧的 PISA 测试亦不能免。2009 年上海学生夺得 PISA 测试第一名，中外教育界反响很大，评说不一。

　　PISA 的创始人安德烈亚斯·施莱克尔（Andreas Schleicher）回应记者的提问时说，这个第一并不表示上海拥有全世界最好的教育体系。

　　他肯定了上海教育的特色和优点，譬如那里的学生很能学习，"但在学习动力方面存在不足，他们在空闲时间里往往不愿意主动去学习"。

　　从 16 年前开始，施莱克尔每年都会来中国。他看到很多中国学生都在高考的压力之下努力学习，但双眼所见没有影响他的判断。"如果没有高考的压力，他们还会愿意学吗？"他说，怎么能够从向学生施加压力变成让他们愿意去学，这是中国教育面临的很大的问题。他警告说，很多研究表明，如果学生在 15 岁时还没有培养起学习的兴趣和动力，他们以后就很难成功。[①]

但是，施莱克尔对中国学生学习的动力、兴趣不足的评说，只是 PISA 测试的"题外话"，虽然学生在做题时不可避免有心理性向藏乎其中，但并不是 PISA 所能测得的。也就是说，即便是 PISA 这样的权威测试，也不能真实地"反映"出学生真实的"反应"——如果从学生及其学习的完型看，如果将学习的动力、兴趣视为学生发展和学习质量的重要因素，那么 PISA 测试的效度也

---

① 中国青年报，2011.10.10.

是有限的，甚至可以直接说并不那么准确。

　　对以纸笔测试为主的中考的局限性的认识，并不是简单地提倡废止。其一，要不断完善，使其局限性控制在可控范围之内。基本路径是，根据教育学原则和全面实施素质教育的要求，不断提高命题质量，使之真正归之于教育教学的统御之下。其二，也是更重要的，要运用和开发其他更为丰富的测评的工具，并配套相应的招生录取制度和方法，限制纸笔测试的势力范围，降解其局限性，使中考更加趋向于契合为了学生及其学习的目的性原则以及因为学生及其学习的规律性原则。还不够。其三，中考改革不是一个封闭的系统，要通过一系列高考改革措施，通过大力发展职业教育，通过大规模、有成效的普通高中多样化发展和特色化建设等等教育体制改革，为中考改革安窗设门，不断加强中考的选择性功能，使中考真正面向全体学生成为学生全面而有个性发展的关键性的"机会之窗"。康德曾经说过："人的天性将通过教育而越来越好地得到发展，而且人们可以使教育具有一种合乎人的形式。"① 说到底，中考改革，无非就是"使教育具有一种合乎人的形式"的重大的教育实践。

---

① ［德］伊曼努尔·康德，论教育学［M］，赵鹏、何兆武译，上海人民出版社，2005：6.

中篇　政策研究

第一章 概述

中考改革，作为"基于我国中考现状的有目的和有意义的转变"，是一项系统工程。一般情形下，我们主要将中考改革理解为一种教育制度变革，即如文件表述的，"中考改革""即初中毕业生学业考试与普通高中招生制度改革"①。这一教育制度变革的主要形态是教育政策的制定与执行，主体主要是教育行政主管部门及其体制框架内的具有隶属、指导关系的科层主体。这是由基础教育，尤其是义务教育的本质、属性和要求决定的。《义务教育法》第二条规定："义务教育是国家统一实施的所有适龄儿童、少年必须接受的教育，是国家必须予以保障的公益性事业。"第三十五条规定："国务院教育行政部门根据适龄儿童、少年身心发展的状况和实际情况，确定教学制度、教育教学内容和课程设置，改革考试制度，并改进高级中等学校招生办法，推进实施素质教育。"这也就决定着中考改革的顶层设计主要体现为政府主导和政府主管的政策的制定。托马斯·库恩说："'范式'的一种意义是综合的，包括一个科学群体所共有的全部承诺；另一个意义则是把其中特别重要的承诺抽出来，成为前者的一个子集。"② 在中考

---

① 教育部关于深入推进和进一步完善中考改革的意见（教基〔2008〕6号）
② ［美］托马斯·库恩，必要的张力——科学的传统和变革论文选［M］，范岱年、纪树立译，北京大学出版社，2005：288.

改革这里，这样的"特别重要的承诺"的抽取，就是政策的研制、颁布和实施。政策体系，是中考改革系统的重要的子集；这一子集如此重要，以至于我们在一定情况下可以直接把它视为就是"范式"自身。"特别重要的承诺"的抽取，实际上就是顶层设计。"顶层设计"，本来是系统工程学的概念，后来被广泛引用于各个领域。党的十七届五中全会和国家"十二五"规划中，反复提到要加强改革顶层设计。2010年年底中央经济工作会议上，更对这一概念的使用进行了比较全面的阐述。概括起来说，包含三个框架性维度，即：指导思想，包括理念、价值、方向；主要内容，包括纲领性的内容和基础性的内容；实现路径，包括贯彻实施中在体制、机制、策略等方面的安排和要求。教育改革及其中考改革又是我们国家改革发展事业的重要组成部分，加强改革顶层设计，同样是对教育改革及其中考改革的必然要求。

20世纪90年代以来，以国家教育行政主管部门为主体，在政策层面对中考改革进行了次第有序的重要的探索和推进工作。这一探索和推进过程，大致可以划分为两个阶段。第一阶段是1998年到2003年。因为这一阶段的中考改革政策所面向是使用新的课程标准之前的教学大纲及其教科书的学生，我们称之为"基于教学大纲"的阶段。第二阶段是2003年到2008年，中考改革政策所面向是使用新的课程标准及其教科书的学生，我们称之为"基于课程标准"的阶段。这一切分，因为时段明晰，应该没有太大问题。但需要指出的是，第一阶段虽然面向的是使用教学大纲及其教科书的学生，但新世纪的国家基础教育课程改革已然构成了它的重要的政策背景。我们也发现在顶层设计中的指导思想、主要内容、实现路径方面，都有重要的甚至是整体上的新课程改革的"特别重要的承诺"的抽取。这不是无意而为、偶然得之，而是作为顶层设计主体的国家教育行政部门的工作思路。教育部基础教育司 2002 年工作要点指出："进行国家、地方、学校三级课程管理工作机制和考试评价制度改革。"三级课程管理工作机制，正是新课程改革的重点和亮点所在，其与考试评价制度放在一句话中说，可见它们具有共同元素，这就是课程改革。教育部 2002年工作要点更是明确指出："根据新的课程体系，积极推动中小学考试评价制度的改革。"2002 年教育部在这一方面的一项重要工作成果，就是年底颁发了《教育部关于积极推进中小学评价与考试制度改革的通知》（教基〔2002〕26 号），这是一份管当前也是推进今后工作的重要文件，教育部基础教育司 2003 年工作要点中便指出："在实验区组织落实《关于积极推进中小学评价与考试制度改革的通知》，开展中考招生制度改革试点工作，继续组织对全国各地中考试卷的评估工作。"应该看到，1978 年到 2000 年，各科教学大纲进行了 4 次较大规模的研制和修订工作。第一次研制工作的主要任务是拨乱反正、正本清源。此后的不断修订和完善的过程，现在看来，总体上是不断趋向新课程标准的过程。新课程标准与最后一版教学大纲，既存在跨越式的变革关系，也存在照着说的继承关系和接着说的发展关系。最后一版教学大纲的不少新的内容，特别是那些突破性的内容，基本上都为新的课程标准所称引。最后一版教学大纲与新课程标准，总的来说，是能够在同一教育时空进行基本沟通和交流的。新世纪课程改革 1999年启动，新的义务教育课程标准 2001 年颁布，在这样一个教学大纲与课程标准的交集期，课程改革成为第一阶段政策制定的背景，不仅自然合理，而且也是其应有之义，十分必要。

第二阶段断到 2008 年，是因为至此全国义务教育课程改革一轮全部结束。从 2004 年针对 17 个有首批初中毕业生的国家基础教育课程改革实验区出台的政策，到 2008 年针对全国所有初中毕业生全部按新课程要求参加中考的关键一年出台的政策，政策制定与教育实践形成一个吻合的周期。2008 年之后，教育部没有出台专门的关于初中毕业考试与普通高中招生制度改革的文件。但是中考改革仍在中考改革以来的一系列文件尤其是第二阶段一系列文件的指导和要求下，按照课程改革精神，不断探索，不断推进；其政策的推进，主要体现在省级和地市级制定和实施的有关中考改革的文件和相关实施方案中。随着课程改革进入到"深化改革、提高质量"的新的阶段，中考改革势必也进入到了一个新的阶段。新阶段的两个标志性事件是：《国家中长期教育改革和发展规划纲要（2010—2020 年）》2010 年 7 月颁布实施，"义务教育各学科课程标准（2011 年版）"2011 年 12 月颁布实施。为落实《国家中长期教育改革和发展规划纲要（2010—2020 年）》精神，《国务院办公厅关于开展国家教育体制改革试点的通知》（国办发〔2010〕48 号）已经将辽宁省盘锦市、江苏省南通市、安徽省、山东省、陕西省西安市、甘肃省部分市县列为"规范中小学办学行为，改进教育教学方法，改进考试评价制度，探索减轻中小学生过重课业负担的途径和方法"试点地区。2010 年 12 月，教育部公布了《江苏省南通市推进中考改革、切实减轻中小学生课业负担改革试点实施方案》。2012 年 6 月，江苏省南通市举行了作为国家教育体制改革试点的第一次全市范围的中考，在社会引起极大反响。国家层面推进、指导、规范改革发展新阶段的中考改革的相应政策，正在积极酝酿之中。从教育部基础教育二司2012 年工作要点看，未来的新的中考改革政策将可能是基于中考改革试点，基于基础教育各学科学业质量标准的研制，基于义务教育阶段各学科能力结构的设计、论证和学业水平数据分析框架的研发工作等等，应当会发生许多令人期许的深刻性、系统性的变化。

下文，我们以中考改革的政策文本为主体，进行简要的脉络的梳理。当然，正如国外教育政策研究者所说的："政策的内涵远远超越了政策文本，它还包括先于文本的政策过程，包括在政策文本产生之后开始的政策过程，以及对作为一种价值陈述及行为期望的政策文本的修订和实际的行为。"① 本编中，我们对政策文本制定出台的一些背景的陈述和因果的评述，也是政策内涵的应有之义。

---

① 范国睿，教育政策的理论与实践［M］，上海教育出版社，2011：7.

第二章 基于教学大纲：1998—2003 年

一、1998 年：《关于中考语文考试改革试点工作的指导意见》

为了发挥中考在学校教学中的正确导向作用，推进素质教育，1998 年 4 月 10 日，教育部下发了《关于中考语文考试改革试点工作的指导意见》（下文简称："1998 年文件"），在江苏省苏州市、湖北省荆门市、福建省莆田市、山东省烟台市、吉林省辽源市、上海市闵行区、北京市顺义县等七个地区进行语文考试改革的试点。

"1998 年文件"制订和颁发之前，教育部作了较为充分的调查和论证工作。其中一项最重要的工作就是 1997 年教育部组织的九年义务教育课程实施状况调查。教育部组织在 9 个省（市）16000 多名学生、2000 多名教师对九年义务教育的教学状况进行了抽样调查。调查发现，考试（主要是中考）对整个义务教育阶段教育过程的影响是普遍而明显的，包括对教师整个教学方向的控制、对教师的教学行为、对课时和教师布置作业的内容与数量、对教学方式和学生的学习方式都有重大的影响。调查发现，在考试题目中大量存在"繁、难、偏、旧"的现象，考试管理方面存在许多制度上的缺陷。调查认为，要全面推进素质教育，必须对初中毕业与升学考试进行改革。

调查工作涉及课程的全科，并涉及课程实施、管理、评价等方方面面。而"1998年文件"选择语文一科，作为"改革试点工作"，显然是审慎稳妥的政策步骤。选择语文学科，一方面语文学科是传统意义上的主科，对其他学科具有示范功能和示范效应，正如《全国中考语文考试改革试点工作总结会综述》[①] 所述："语文是中小学校的主要学科""备受社会各界的关注和学生、家长的重视"。另一方面，因其学科属性（比如说，从学理角度看，语文的"学科性"并不是很强），相对于其他学科尤其是理科类而言，语文学科众所周知其大概的特征，试点形成的经验以及不足、普及性与通约性比较强。从"1998年文件"文本看，作为文件主体部分的"二、考试""三、考试管理"，总的看，不仅是文意，甚至文字，均适用于其他学科。尤其是"二、考试"，包括"命题""审题""阅卷"三条，应该说最具学科性质的，除了"阅卷"中关于作文阅卷的要求外，几乎都可以直接引用到其他学科。应该说这一安排，体现了一定的政策选择策略。另外，语文学科改革发展的水平、质量和成就，也为该学科的中考改革奠定了良好的基础。从教学大纲的沿革看，1978年教育部颁发《全日制十年制学校中学语文教学大纲（试行草案）》，并在1980年进行了修订，在许多方面基本上恢复了1963年大纲的面貌，很好地起到了拨乱反正、正本清源的作用。1986年国家教委颁布了《全日制中学语文教学大纲》，并于1990年颁布了修订本。其宗旨是"降低难度，减轻负担，明确要求"，第一次从素质教育及培养"四有"公民的高度来强调语文教学的重要意义。为了减轻学生负担，大

---

① 中国教育报，1999.04.27.

纲明确规定"不用（语文基础知识的）名词术语考学生，只考运用能力"，删去了逻辑知识部分；规定了190篇基本篇目作为考试的范围，其他篇目各地可以相机处理，这就为实行教材的"一纲多本"政策的实施创造了条件。这些都是具有突破性的改革。1995年颁布了《九年义务教育全日制初级中学语文教学大纲（试用）》，它反映了当时人们对义务教育性质和任务的理解以及对语文教学规律的新的认识，体现了九年义务教育的终端性要求，注重基本素质的培养，重视语感和语境意识的培养，强调思路分析和表达方式的探究。2000年颁布了《九年义务教育全日制初级中学语文教学大纲（试用修订版）》。和过去的大纲相比，新大纲有很大的进步，体现了"工具性"和"人文性"并重的精神。新增加了"教学评估"部分，提出对教师的评估要"重视教师的教学过程和教学效果，不要以学生的考试成绩作为唯一的评估依据"等。两个"附录"分别是《古诗文背诵推荐篇目》和《课外阅读推荐书目（任课老师可补充推荐）》。这些都是富有创意之举，和历次大纲的修订相比，这是变动比较大的一次，许多方面都为新的语文学科课程标准所吸收。

在"1998年文件"中并没有提及中考语文考试改革试点对接下来的其他学科中考改革的前驱示范的政策意图，在"1998年文件"的最后也只是说："抓好中考语文考试改革试点工作将对促进全国在语文教学领域的改革，以至于课程改革，推进素质教育起到积极的作用。"仍然是顺着语文往纵深处说。这一审慎的态度与策略，在改革的最初的政策制定、颁发和实施中是非常必要的。"1998年文件"的这一大家都能猜得出几分的政策意图，在第二年的全国中考语文考试改革试点工作总结会上才被明确提出："语文中考改革不仅是语文一门学科的事，它所体现的探索精神和价值取向对其他学科也有借鉴意义。"很重要的，这是基于"从七个试点地区所得到的反馈信息看，今年语文中考改革达到了预期目的，基本上是成功的，广大语文教师和学生反应较好"① 的基本判断而来的。"1998 年文件"的制定是审慎稳妥的，但实施环节顾及不周全，颁布时间是 4 月 10 日，给传达、动员、组织、命题的时间太短，更不要说对参加考试的学生的学习以及相应的教学发挥一定的同样也是必须要有的影响了。

　　"1998 年文件"改革的基本要求是：着重考查阅读和写作能力，试卷结构力求简约，控制客观题量，禁止命偏题怪题，试题要有利于发挥学生的创造性；建立严格的审题制度；作文实行三人独立阅卷等。改革的主要成果是：开始重视积累和运用的考查，试题设计趋于活泼新颖，阅读注重考核学生的整体把握和感悟能力，作文试题自此逐步趋于多样化。"1998 年文件"现在看来，确实比较谫陋。但是，正是这样的"谫陋"使我们在历史的回溯中看到它的发轫开拓的品性。"1998 年文件"体现了一些很重要的方向性努力，如"中考语文考试改革的指导思想"部分提出："突破应试教育的模式，发挥考试的正确导向作用，有利于建立语文学科的科学评价体系。"这一有所针对的方向性、目标性指导，正是课程改革孜孜以求的；在此一方面，我们取得了重要的实质性的进展，同时仍然处在改革探索的阶段。在一些具体的指导和要求上，也有亮点，如在"考试"部分的"命题"中提出"命题要科学，试题要讲求效度"，引入了"效度"的概念，初步对命题提出了科学化的要求；还有"试题要有利于发挥学生的创造性"，"对与标准答案不符但确有创造性的、合理的答案，要慎重

---

　　①　中国教育报，1999.04.27.

处理”等，都是一些很重要的提法。

二、1999 年：《关于初中毕业、升学考试改革的
指导意见》

1999 年 4 月，教育部下发了《关于初中毕业、升学考试改革的指导意见》（教基〔1999〕5 号）（下文简称：“1999 年文件”），提出了初中毕业升学考试改革的指导思想和改革重点。文件是在初中毕业升学考试语文学科命题改革试点的基础上形成的。文件指出：“1998 年，教育部在全国七个地区进行了初中毕业、升学语文学科考试改革试点，取得了一些值得借鉴的经验。今年将以语文考试改革为突破口，全面推进初中毕业、升学考试改革工作。”文件还随文附发了《全国中考语文考试改革试点工作总结综述》。这是政策制定脉络的由来。还有一个由来，就是 1998 年 2 月 6 日国家教委颁发的《关于推进素质教育调整中小学教育教学内容、加强教学过程管理的意见》，其中关于考试评价的一些新的理念、思路和具体提法，并没有反映在“1998 年文件”中，主要原因是整体的大面上的要求不易或者不宜体现在作为单科的语文考试改革试点工作上。

“1999 年文件”较“1998 年文件”有许多新的变化。其一，两者基本结构相似，但文件的文字量多了一倍左右，这也说明思路和要求更加细密周全。其二，文件强调“改革的重点一是考试内容改革；二是完善与考试改革相应的管理机制”，文件强化了对管理机制的要求，这一部分的文字量扩大了六倍左右，这也说明改革开始向纵深进发。其三，因为是整体改革推进，文件对全学科分类提出了原则要求：“命题要符合学科特点。当前特别需要注意的是：文科要严格控制客观题的比例，提高客观题的效度；理

科要适当加强对实验操作能力的考查；外语要适当加强对听说能力的考查；体育考试项目的设置应给学生留有选择余地，考试标准要合理，重在检查学生体质。"其四，文件提出："初中毕业考试与升学考试，可以二考合一进行，也可以分开进行。但两考性质不同，如果两考合一进行，在选拔的同时还应充分体现九年义务教育水平考试的性质。如果两考分开进行，应提倡毕业考试逐步由学校自行命题并组织考试。"并针对作为毕业考试的标准参照与作为升学考试的常模参照的类型不同，提出"在选拔的同时还应充分体现九年义务教育水平考试的性质"，这一基本要求在以后相应的文件中得到了延续贯通。关于"两考合一"的政策意见，源自1998年国家教委颁发的《关于推进素质教育调整中小学教育教学内容、加强教学过程管理的意见》。该《意见》指出："除初中毕业考试与升学考试两者合一外，逐步取消义务教育阶段任何形式的统考，初中阶段一般不实行会考。"其五，文件对初中毕业、升学考试改革工作的领导和管理等方面的工作提出了具体要求，促进初中毕业升学考试工作的制度化、科学化和规范化，如文件要求"要逐步建立阅卷教师的资格认定制度"，"教育行政部门要组织教研部门和有关单位，建立严格的命题、审题、阅卷制度"等。还有一点值得一提，文件提出"有条件的地方可使用专用计算机软件以监控阅卷质量"，这一意见推进了中考包括高考阅卷利用计算机操作平台、以计算机网络技术和电子扫描技术为依托的阅卷工作的进展。这一意见的提出，也是源自上一年中考语文考试改革试点工作；试点工作中，"受基础教育司委托，全国中小学计算机中心上海分部研制了'初中语文阅卷质量监控软件'，并在上海闵行区阅卷中使用。苏州市教研室也专门设计了作文评分软件，把阅卷中个人主观因素可能造成的误差减少到最低限度，都取得较为满意的效果"①。"1999 年文件"也有一些难以避免的和可以避免的缺憾。比如说，"文件"制定的重要的基点是上一年的中考语文考试改革试点工作。《全国中考语文考试改革试点工作总结综述》关于"语文中考改革引发的问题和思考"中第一点就是："如何正视高考对中考的影响。中考和高考是两种性质不同、功能不同、目的不同的考试，但在一些地方，语文中考命题低水平的模仿高考语文命题，没有考虑义务教育的性质和语文学科的特点，强化并放大了高考语文命题中存在的缺陷，胡乱编造选择题就是突出的表现。"不仅"1999 年文件"没有涉及这一点，此后的相关政策文本也没有涉及。是不是高考的影响可说可不说呢？当然不是。2001 年 6 月 11 日，前副总理李岚清在全国基础教育工作会议上的题为《深化基础教育改革加快素质教育步伐　为现代化建设提供人才储备和智力支持》的讲话中就明确指出：

> 考试评价制度改革是实施素质教育的一个关键环节。目前的考试评价制度，特别是高考的负面影响，成了扭曲整个基础教育的指挥棒，不仅把高中教育，甚至把初中、小学教育也导入了应试教育的轨道，严重制约了学生的全面发展，甚至影响到青少年的身心健康。我们要正确处理基础教育中普及与提高的关系，以高考为突破口，改革考试评价制度，既要满足越来越多的青年继续升学的愿望，又要使那些不能升学的青少年在基础教育阶段学到有用的知识和本领，具备就业谋生的能力。

从政策制定的角度看，不一定非得把高考对中考影响方面的意见和建议写进去，但这确实是一个纠结至今的问题，高考总是对中

---

① 中国教育报，1999.04.27.

考发挥着极为深重的影响。我们这里提出来，主要是想从政策制定的体制和机制的角度说——关涉高考对中考的影响的政策要求和意见，必须基于一定的行政体系才能在构建政策系统中得出相应的政策结论。关于初中毕业、升学考试改革的行政管理职能主要在教育部（国家教委）基础司（基础二司），而关于高考的行政管理职能主要在学生司、高教司，而执行权（实际上也是行政权）主要在教育部考试中心。只有形成行政体系内的有效联合和联动，"如何正视高考对中考的影响"的问题才能真正得到政策回应。我们这里讨论这一问题，不只是历史性的回顾，而是想以汉说唐：新世纪基础教育课程改革是在党中央、国务院以及教育部一系列重要文件精神指导下开展的整体性、系统性的一次重大而深刻的教育改革，但在推进和实施过程中遇到一些重要事项需要解决时，有时会出现政策缺位、虚位、错位、不到位的现象，究其因由当然是多方面的，其中一个不容回避的问题就是在基础教育课程改革这样的全面的、系统的、深刻的教育改革进程中，没有及时形成相应的制度化的行政体系中的有效和长效的联合与联动，很长时间给人的感觉总是在看基础司唱独角戏，总是在听基础司—教育部—国务院的一条线的单弦。这种状况到 2007 年之后似乎有了一定的变化，相关职能司局之间关于中高考改革、基础教育课程改革等等的沟通会商日渐经常化，但离制度化似乎尚有进一步改进的空间。令人欣喜的是，近年来在基础教育课程改革中，这样的政策孤岛、政策单线状况正逐步得到改观，"义务教育各学科课程标准（2011 年版）"的研制、审议，就是一则范例。

"1999 年文件"要求："文科要严格控制客观题的比例，提高客观题的效度。"这一提法不如 1998 年《关于中考语文考试改革试点工作的指导意见》中的"命题要科学，试题要讲求效度"的要求来得科学。效度问题，主观题比客观题的难度大。"1999 年文件"要求加大主观题的比例，应该在强调客观题的效度的同时也强调主观题的效度，如果只强调一个方面，理应就主观题的效度着重提出要求。"1999 年文件"只就客观题提出提高效度的要求，至少存在政策表达上的偏差。这样的偏差显然属于我们所说的可以避免的缺憾。

三、2000 年：《关于 2000 年初中毕业、升学考试改革的指导意见》

2000 年 3 月，在组织专家组对 1999 年各地中考试题和组织工作进行评价分析的基础上，教育部再次下发了《关于 2000 年初中毕业、升学考试改革的指导意见》（教基〔2000〕10 号）（下文简称："2000 年文件"），进一步明确了改革的指导思想和目标。"2000 年文件"是在对 1999 年初中毕业升学考试试题评价及中考改革工作情况进行研究分析的基础上形成的，可以说是"1999 年文件"在"重申"基础上的"进一步"。

"2000 年文件"较"1999 年文件"，有一些"进一步"的变化。第一，"文件"单列一个一级标题"二、进一步端正考试指导思想，提高命题的科学性，保证命题的质量"对命题提出要求，而同类内容在上一年文件是放在二级目录中表述的，而且要求更加周延、专业、科学。如"试卷结构应简约、合理"、"注意控制试卷的整体难度"、"试题的表述形式应规范"等 5 点要求，分条列出，予以阐述。"2000 年文件"表述："为提高初中毕业、升学考试命题和管理的科学性，教育部委托北京师范大学和华东师范大学就初中毕业、升学考试题库的建立开展研究，并为命题单位提供技术支持。"可以见出政策对考试和招生的科学性、专业性的努力和追求。第二，"1999 年文件"对学科要求相对比较笼统，只是一句话，就文科、外语、理科、体育等提出要求。而"2000年文件"就思想政治、语文、数学、外语、理科、体育等提出具体要求，文字量是上一年文件的 6 倍。第三，管理制度方面，"文件"对改革初中毕业、升学考试的管理制度，提高命题的科学性、保证命题的质量，建立命题、审题、阅卷制度和对考试的评估制度上都有"进一步"的表述。如，"1999 年文件"只是提出"要逐步建立阅卷教师的资格认定制度"，而"2000 年文件"则提出"要逐步建立命题、审题、阅卷人员的资格制度"。

上述这些"进一步"的变化，一方面是政策自身的顺延发展，另一方面，我们还要注意到，此时新世纪基础教育课程改革即将开始，如果从《中共中央国务院关于深化教育改革全面推进素质教育的决定》（中发〔1999〕9 号）的颁发算起，新一轮基础教育课程改革已经启动了，若干政策文件包括义务教育各科课程标准都在加紧研制过程中，"2000 年文件"已经处于课程改革的宏观语境中，所以不妨将"2000 年文件"的"进一步"看作一种"预备"与"蓄势"。"1999 年文件"开篇有言："初中毕业、升学考试是义务教育阶段的重要考试，进行考试改革，将对中小学实施素质教育产生积极的导向作用。""2000 年文件"开篇有言："初中毕业、升学考试是义务教育阶段的重要考试，进行考试改革，将对推进中小学教育教学改革、实施素质教育产生积极的导向作用。"两者相较，添加了"推进中小学教育教学改革"一句，应该说是对"2000 年文件"标举的《中共中央国务院关于深化教育改革全面推进素质教育的决定》（中发〔1999〕9 号）文件精神的贯彻落实层面的工作回应。

四、2002 年：《关于积极推进中小学评价与考试制度改革的通知》

2002 年 12 月，经国务院同意，教育部颁布了《关于积极推进中小学评价与考试制度改革的通知》（教基〔2002〕26 号）（下文简称："2002 年文件"），按照坚持教育创新，全面推进素质教育的要求，提出了全面推进中小学评价与考试制度改革的行动纲领和基本框架。

我们注意到，"2002 年文件"的制定者非常审慎，没有提到 2001 年教育部颁发了《基础教育课程改革纲要（试行）》，文本中也没有直接提及课程改革，只是在对"学科学习目标"概念的解释中用到了作为课程改革一系列文件组成部分的"各学科课程标准"。这是因为第一轮进入课程改革的学生最早一批参加中考的是在 2004 年，参加高考的更迟。但是，"2002 年文件"毕竟是在基础教育课程改革的语境中制定和颁发的。如果将相关政策文件前后联系起来看，文件体现了课程改革的精神，一定程度上可以看作课程改革推进进程的组成部分；从其后的《国家基础教育课程改革实验区 2004 年初中毕业考试与普通高中招生制度改革的指导意见》（教基厅〔2004〕2 号）看，文件相关内容的原则和精神以及基本要求可以视为"前奏"。

"2002 年文件"的几个新的变化值得注意。其一，第一次将招生制度改革纳入到政策范围，并就中考改革提出了"初中升高中的考试与招生中，要综合考虑学生的整体素质和个体差异，改变以升学考试科目分数简单相加作为唯一录取标准的做法"。而此前的政策主要是对中考改革中的毕业和升学考试提出指令性要求和指导性建议，基本上没有触及到普通高中招生录取工作。此后，教育部在关于中考改革的文件中均将普通高中招生录取制度改革作为中考改革的重要组成部分。其二，在"建立以促进学生发展为目标的评价体系"部分，第一次提出"基础性发展目标"与"学科学习目标"的概念。文件要求："以促进学生发展为目标的评价体系应包括评价的内容、标准、评价方法和改进计划。评价标准应该用清楚、简明的目标术语表述，主要包括基础性发展目标和学科学习目标两个方面。"并对"基础性发展目标"的六个方面分节作了具体表述，包括"道德品质"、"公民素养"、"学习能力"、"交流与合作能力"、"运动与健康"、"审美与表现"。对"学科学习目标"的说明，一句话概述："各学科课程标准已经列出本学科学习的目标和各个学段学生应该达到的目标，并对评价方式提出了建议。"这里提及"课程标准"，还在"五、中小学升学考试与招生制度的改革"部分提出："初中毕业、升学考试命题必须依据国家课程标准。"可以见出文件是在课程改革的大背景下制定颁发的，文件的办法和实施，事实上也有力推动着课程改革的进程。但是，仍有存疑之处，就是这一阶段是教学大纲逐步退出和课程标准逐步进入相交叠的阶段，而且，沿用教学大纲的地区和学校比使用课程标准的地区和学校要多得多；再有，文件也对高中会考和高考提出了要求，此时普通高中各科课程标准还在研制过程中，尚未颁布实施，对高中阶段提"各学科课程标准已经列出本学科学习的目标和各个学段学生应该达到的目标，并对评价方式提出了建议"的要求，显然不够稳妥。这是"2002年文件"文本表述不够缜密的地方。

值得关注的是，在"2000年文件"、"2002年文件"研制过程中，教育部开始构建中考评价机制，推动了中考命题、审题、阅卷的改革。1999年，教育部成立了全国初中毕业、升学考试评价课题组，组织北京师范大学和华东师范大学学科教学论研究人员、评价研究人员以及部分省市的教研人员，分长江以北和长江以南，先后对 1999 年、2000 年的中考试卷及考试招生的有关工作进行了评价。自 2001 年开始，评价的组织方式改为全国统一评价，其工作力度也逐年加大。评价成果由教育部组织结集正式出版，有效地发挥了评价的指导作用。尤其值得一提的是，为促进中考改革与课程改革的顺利接轨，自 2002 年起课题组吸收了国家课程标准组的核心成员。

为加强命题队伍的建设，教育部于 2000—2003 年，连续几年组织各地命题负责人和学科命题召集人，先后在北京师范大学和华东师范大学举办了初中毕业升学考试改革的研修培训会议，对中考改革进行了广泛的交流和讨论。研修培训促进了命题技术的不断改进、提高，明确了中考命题应坚持能力立意的指导思想，强调增强探究性、注重综合性、坚持教育性、体现时代性。同时大大加强了制度建设和队伍建设，规范了命题、审题、阅卷程序，提升了命题质量，有效地深化了中考改革。

第三章　基于课程标准：2004—2008 年

一、2004 年：《国家基础教育课程改革实验区 2004 年初中毕业考试与普通高中招生制度改革的指导意见》

　　第一阶段与第二阶段都包含了 2003 年，是因为 2003 年对前者是自然延续，对后者是酝酿预备。这里要研究的《国家基础教育课程改革实验区 2004 年初中毕业考试与普通高中招生制度改革的指导意见》（教基厅〔2004〕2 号）（下文简称："2004 年文件"），主要研制于 2003 年。1999 年到 2003 年教育部组织的中考试卷及考试招生的有关工作的系列调研，已经成为 "2004 年文件" 研制的重要的学术资源、政策资源和实践资源。

　　"2004 年文件" 是针对 17 个有首批初中毕业生的国家基础教育课程改革实验区出台的。文件开宗明义："为贯彻落实《中共中央国务院关于深化教育改革全面推进素质教育的决定》和《国务院关于基础教育改革与发展的决定》及经国务院同意印发的《教育部关于积极推进中小学评价与考试制度改革的通知》中提出的关于改革中小学评价与考试制度的要求，在两年课程改革、评价与考试改革探索的基础上，2004 年，要在 17 个有首批初中毕业生的国家基础教育课程改革实验区，积极稳妥地推进初中毕业考试与普通高中招生制度改革，为推动、保障基础教育课程改革向纵深发展，并为 2005 年在更大范围内进行初中毕业与普通高中招生制度改革奠定基础。"上承"2002 年文件"，下启 2005 年的《教育部关于基础教育课程改革实验区初中毕业考试与普通高中招生制度改革的指导意见》（教基〔2005〕2 号），政策的来龙与去脉非常清晰。

"2004 年文件"重申了"2002 年文件"的有关精神，如，"本次初中毕业考试与普通高中招生制度改革要改变以升学考试科目分数简单相加作为唯一录取标准的做法"等。"2004 年文件"深化细化了"2002 年文件"的有关精神，如，在"初中毕业生综合素质评价"部分，强调"综合素质评价的内容应以《通知》中提出的道德品质、公民素养、学习能力、交流与合作、运动与健康、审美与表现等六个方面的基础性发展目标为基本依据"，并列出六条，对"2002 年文件"提出的"基础性发展目标"在工作层面作了比较详细的要求。

"2004 年文件"指出："各地应依据本地区实际情况，在确保公正、公平的前提下，积极探索、试行优质高中部分招生名额分配、优秀初中毕业生推荐等多样化的高中招生办法，以促进义务教育阶段的学校均衡发展。"这是文件中第一次提出优质高中部分招生名额分配的指导意见，经过多年探索和实践，已经成为现行高中招生录取工作的一项重要的制度安排。

关于"两考合一"，1998 年 2 月 6 日《国家教委关于推进素质教育调整中小学教育教学内容、加强教学过程管理的意见》（教基〔1998〕1 号）就已经提到："除初中毕业考试与升学考试两者合一外，逐步取消义务教育阶段任何形式的统考，初中阶段一般不实行会考。""1999 年文件"又要求："初中毕业考试与升学考试，可以二考合一进行，也可以分开进行。但两考性质不同，如果二考合一进行，在选拔的同时还应充分体现九年义务教育水平考试的性质。如果两考分开进行，应提倡毕业考试逐步由学校自行命题并组织考试。"指出"两考性质不同"，要求"在选拔的同时还应充分体现九年义务教育水平考试的性质"。"2004年文件"针对两考性质不同，更加明确要求："学业考试的成绩应以等级制的方式呈现，根据各学科课程标准的基本要求确定合格标准；等级数和等级标准由各地根据考试结果，并结合当地的实际情况确定。任何单位和个人不得以任何形式根据考试成绩给地区、学校和学生排队或公布名次。"充分考虑到两考的不同性质，分别就评判标准等提出要求。毕业考试，是标准参照测验；升学考试，是常模参照测验。标准参照测验是将被试与标准相比较，以评价被试有无达到该标准为目的。标准参照测验的内容是由课程、教材以及教学目标决定的。常模参照测验是将被试与常模相比较，以评价被试在团体中的相对地位为目的。常模是根据标准化样本的测验分数经过统计处理而建立起来的具有参照点和单位的测验量表。由于信度的难题并没有得到很好的解决，现行中考常模主要依据的平均分忽高忽低、标准差离散不定，科学性不甚严谨。从测量学的角度看，两考合一并不合理。标准参照测验与常模参照测验并不仅仅是分数解释的方式不同。理论上说，作为标准参照测验的毕业考试可以人人满分，因为每个人都完满达成了标准。但作为常模参照的升学考试则不可以，需要通过区分度的设计，分出三六九等，以供甄别选拔之用。我们这里并不是要反对"两考合一"，相反，我们主张"两考合一"。首先，切实减轻学生负担——就目前以及今后一个阶段学生学习复习不堪其负的情形加以衡度，这一点显得尤为重要。其次，毕业考试的功能和要求，能够一定程度地减弱升学考试可能出现的偏离标准过度追逐区分度的倾向——文件中反复要求"杜绝设置偏题、怪题"，一定程度上与防止过度追逐区分度有关。也不是没有问题。现实情况是，在一定程度上"两考合一"实际上就是升学考试取代了毕业考试；如此，对教学中其他一些如诊断性测试、学期考试等正常的测验和评价，都会产生相当的示范效应，进而加剧"应试教育"的影响。这样看来，"2004年文件"要求的"根据各学科课程标准的基本要求确定合格标准"，阻止和防范以一考取代另一考的流弊，是政策制定中的一个亮点。

"2004年文件"最为重要的顶层设计是，进一步明确了改革的目的和任务："本次初中毕业考试与普通高中招生制度改革要改变以升学考试科目分数简单相加作为唯一录取标准的做法，力求在初中毕业生学业考试、综合素质评定、高中招生录取三方面予以突破。""三个突破"，在教育部2003年3月的相关工作中业已提出；从文件上追溯，直接承绍于"2002年文件"的"建立以促进学生发展为目标的评价体系"的表述，其中"基础性发展目标"的六个方面，基本构成了综合素质评价的基本内容和要求。差不多与"2004年文件"同时，教育部2004年2月颁布的经国务院批转的《2003—2007年教育振兴行动计划》（国发〔2004〕5号）也指出"积极探索以初中毕业生学业考试为基础、综合评价相结合的高中阶段招生办法改革"，可以视为关于"三个突破"的表述。"三个突破"，在工作上构成了初中毕业与高中招生制度改革的有机整体。初中毕业生学业考试方面力求之突破在于：学业考试应全面、准确地反映初中毕业学生在学科学习目标方面所达到的水平，考试结果既是衡量学生是否达到毕业标准的主要依据，也是高中阶段学校招生的重要依据之一，进一步明确了初中学业考试的性质和功能；建立与新课程相适应的学业水平考试制度及命题机制，推进考试科学化；严格按照新课程标准的要求命题，注意联系教育教学和学生实际，不断加强考试内容及命题的改革，研制能够体现新课程理念的考试形式和命题技术；探索采用等级呈现考试成绩的方法，以便为综合素质评定结果作为招生录取依据提供空间。综合素质评定方面力求之突破在于：建立切实可行的学生综合素质评定制度，着眼学生的基础性发展目标（道德品质、公民素养、学习能力、交流与合作、运动与健康、审美与表现等）进行综合素质评定，全面、准确、客观、公正地反映学生的成长和发展情况，并将其作为毕业和升学的重要依据。高中招生录取方面力求的突破在于：将学业考试成绩和综合素质评定结果共同作为招生录取的依据，改变以升学考试科目分数简单相加作为唯一录取标准的做法；建立多样化的高中招生制度，着眼教育公平，强调生源的均衡分配，通过分配招生名额、推荐直升保送等招生制度，促进高中教育资源均衡配置及学校的创新发展，进而促进教育均衡发展与社会和谐。

　　"2004 年文件"出台之后，各实验区认真制定了实施方案。许多实验区还就学业水平测评、综合素质评价、招生制度改革等分别制定实施方案。有些地区还开展了一定范围的高中招生录取模拟实验。像山东省潍坊市等地区，已经将"2004 年文件"的精神用于指导制定非实验区的相关中考工作的改革方案，并在普通高中自主招生等方面做了有益的探索。各地的方案，既是对国家文件的执行，也是对国家文件的进一步细化和实操化，为进一步推进中考改革做出了关键和重要的贡献。

二、2005 年：《教育部关于基础教育课程改革实验区初中毕业考试与普通高中招生制度改革的指导意见 》

　　2005 年 3 月颁发了《教育部关于基础教育课程改革实验区初中毕业考试与普通高中招生制度改革的指导意见 》（教基〔2005〕2 号）（下文简称"2005 年文件"）。"2004 年文件"很重要的任务就是通过一系列重要的顶层设计"为2005年在更大范围内进行初中毕业与普通高中招生制度改革奠定基础"。因此，"2005年文件"基本上是循"2004年文件"而来，其变化主要体现在微观规制层面，体现了政策制定的严谨性和科学性。比如对命题提出了"有条件的地区应进行试测"的意见；对阅卷提出了"要注意发挥教育统计专业人员的作用"的意见；对综合素质评价的等级，由"2004年文件"的"'优'、'良'、'合格'、'不合格'四档"调整为"采用A、B、C……来描述初中毕业生综合素质不同方面的发展状况"，更柔性更弹性，也更适宜；对提供普通高中录取用的学业成绩等级确定的标准，由"2004年文件"的"由各地根据考试结果，并结合当地的实际情况确定"进一步细化为"由各地根据考试结果，并结合当地优质高中资源的实际情况确定"，确定了变量的范围，更严谨也更科学。

为了推进"三个突破"的目标和任务，教育部组建了"初中毕业与高中招生制度改革项目工作组"，从加强对国家课程改革实验区2004年的初中毕业与高中招生制度改革的专业支持入手，进行项目研究及工作推动。项目组研制了"初中毕业生各学科学业考试命题指导"等系列文件和初中毕业生综合素质评定的理论构建及实践操作模型；通过实地考察与调研交流，与实验区共同研究、制定了因地制宜的高中招生方案；同时组织16个省市自治区及所属的17个国家课程改革实验区进行了初中毕业生学业考试命题、综合素质评价、高中招生制度改革的研修培训，为国家课程改革实验区进行学业考试及高中招生制度改革提供了有力的专业支持。为稳妥推进中考改革，教育部采取逐年扩大实验范围的工作策略，2004年首先在17个国家级课程改革实验区组织中考改革实验，2005年增为500个实验区，到2006年扩展到1700多个实验区（县）。随着实验的启动和不断深化，在研究与实践的基础上，2004 年、2005 年两次印发关于基础教育课程改革实验区初中毕业考试与普通高中招生制度改革的指导意见，稳步推进中考改革。

三、2008 年：《教育部关于深入推进和进一步完善中考改革的意见》

2008 年是全国所有初中毕业生全部按新课程要求参加中考的关键一年。在总结推广中考改革经验的基础上，2008 年 4 月，教育部印发了《教育部关于深入推进和进一步完善中考改革的意见》（教基〔2008〕6 号）（下文简称："2008 年文件"）。

文件开篇指出："随着基础教育课程改革的深入推行，中考改革（即初中毕业生学业考试与普通高中招生制度改革）工作已经基本完成实验阶段的任务，进入全面推广阶段，2008 年全国所有初中毕业生都应按新课程要求参加中考。为贯彻《义务教育法》提出的'改革考试制度，并改进高级中等学校招生办法，推进实施素质教育'规定，落实党的十七大报告提出的'更新教育观念，深化教学内容方式、考试招生制度、质量评价制度等改革，减轻中小学生课业负担，提高学生综合素质'的要求，教育部 2008 年工作重点要求全面实施中考改革，现就深化改革工作提出以下意见。"这里有几个要点值得注意。其一，这是针对 2008 年全国所有初中毕业生都应按新课程要求参加中考的新情况出台的文件，是"全面实施中考改革"的文件。其二，援引了《义务教育法》的法律规定，使规范性文件置于法律要求之下，获得了法律支持。其三，文件是更倾向于工作推进层面提出的，整个文件的话语形式与此前同类文件相比有一些变化，其中一点是，此前同类文件多从"令行"的角度正面指导，"2008 年文件"则有些"禁止"的表述。如："但是，仍有一些地区和学校不同程度地存在考什么教什么、机械重复训练、唯分数录取、恶性竞争生源、以升学率作为评价学校和教师唯一标准的错误做法，增加了学生学业负担，损害了学生的身心健康，误导了中小学教学改革的方向，影响了课程改革的全局。"再如："部分地区仍以升学考试科目分数简单相加作为普通高中录取新生唯一标准"。无论是从政策制定还是从实际工作看，"2008 年文件"更加倾向于工作层面，自有其依据。一方面，无论是"令行"还是"禁止"，都是政策法规的应有功能；另一方面，顶层设计基本完备，深入推进和进一步完善中考改革的任务，主要落在工作层面和实践层面，也就是说到了"关键在于落实"的阶段了。从顶层设计的角度看，"2008 年文件"在"指导思想"、"主要内容"、"实现路径"三个框架性维度中，更加强调"实现路径"，也就是说主要是中考改革实施过程中在体制、机制、制度、策略等方面的安排和要求。与"2008 年文件"的工作风格相映带的，是同月颁发的《教育部办公厅关于进一步规范各地中考工作秩序的通知》（教基厅〔2008〕3 号），对招生录取工作中加分（或降分录取）项目和工作作了纪律要求，并指出："2008 年中考工作即将全面展开，为落实党的十七大提出的坚持教育公益性质、促进教育公平的要求，必须进一步强调中考工作的严肃性，严格规范中考工作秩序，现就有关问题通知如下。"可见，在全国所有初中毕业生都应按新课程要求参加中考的情况下，政策要求更实更硬更直接，不仅适宜，而且必要。当然，"2008 年文件"除了重申"2004 年文件"、"2005 年文件"精神之外，也有进一步推进的点，如"将优质高中名额中的大部分均衡分配到普通初中"，从原来的"积极探索、试行"变化为正式要求，从原来的"优质高中部分招生名额"提高到"优质高中名额中的大部分"。

为了深入推进中考招生制度改革，全面了解各地中考改革情况，进一步研究推进中考改革的政策和策略，教育部基础司于2007年3月组织进行了全国中考改革情况问卷调查，并组织研制了《基础课程改革实验区中考改革情况调查问卷》，涉及中考学业考试、综合素质评价、高中招生制度改革等三个方面的12个问题。问卷于3月中旬发至各省（自治区、直辖市）教育厅（教委），由各省转发到本省中考命题组织单位。12个问题如下：

（1）关于学业考试与考查。

问题1：初中毕业升学统一考试的科目设置、考试形式和考试结果的表达。

问题2：初中毕业升学其他统一考试或考查科目及相应考核结果的表达。

（2）关于综合素质评价。

问题3. 您所在的地（市）约有多少初中学校开展了综合素质评价？

问题4. 学生综合素质评价包括哪些主要内容？

问题5. 对学生综合素质进行评价的主要方式？

问题6. 学生综合素质评价结果是否在班内公开？

问题7. 学生对自己综合素质评价的结果若有异议的处理办法。

问题8. 保送生综合素质评价结果是否公示？

问题9. 学生综合素质评价的结果是否以电子档案的方式管理？

问题10. 如何运用综合素质评价的结果？

（3）关于招生制度改革。

问题11. 本地普通高中招生制度改革情况。

问题12. 社会及家长对本地初中毕业升学考试改革措施

的态度。

12 个问题，以综合素质评价为主，得出了比较详细的数据，中考改革的基本面得到比较全面的了解，重点问题、难点问题基本凸显出来。调查得出的基本结论是，近年的中考改革得到全面推进，富有成效；但按照素质教育的要求和新课程的期望，仍然存在一些需要进一步研究和探索的问题。存在的主要问题是：

1. 在学业考试方面存在的主要问题。

一些地区中考的科目设置仍过分关注部分学科，造成有的学校语、数、英等考试权重较高的科目，周课时高达 10 余节；而"非考试科目"则成了徒有虚名的"课表课程"，造成学生结构性的知识能力缺失甚至群体偏科。

2. 关于综合素质评价结果使用方面的问题。

真正因综合素质评定不及格而未能毕业的学生几乎没有。作为高中招生的依据，各地也存在"软挂钩或假挂钩"现象。如将综合素质评价结果作为普通高中招生投档线或入闸条件，由于一些地方"门坎儿"（所谓投档线或入闸条件）过低，综合素质评价结果对高中学校录取所起的作用也相应减弱。采用差额投档者，由于各地多采用分数表达成绩，真正"录取踩线"、成绩相同者很少，"差额"比例过小，导致综合素质评价的结果只在极小范围内产生作用。

3. 关于高中招生制度改革方面的问题。

长期以来，不少地区由于教育资源的不公平配置（包括生源的配置问题），使好学校与差学校之间的落差巨大，带来了很多问题：如，影响了薄弱学校不断提高管理水平和教育水平的积极性；加剧了"择校热"等，严重影响了教育的均衡发展和教育公平。为解决这些问题，各地根据"2004 年文件"、"2005 年文件"要求，采取了诸如指标分配、推荐、保送等多项举措，以推进教育资源的公平配置，其中将优质高中招生指标均衡地分配到初中的办法受到社会各界的广泛认可与好评。但据各地上报教育部的数据显示，此项政策在各地推行的情况参差不齐：有的地方高达80％以上，有的地方却配额不足1％，甚至毫无作为。

这是一次面广量大，较有深度的调查，对深入推进和进一步完善中考改革发挥了重要作用，是"2008年文件"制定的关键背景和重要依据。

四、2008 年：《教育部办公厅关于进一步规范各地中考工作秩序的通知》

《教育部办公厅关于进一步规范各地中考工作秩序的通知》（教基厅〔2008〕3 号），也是中考政策的重要文本。通知对招生录取工作中加分（或降分录取）项目、分值和范围等，作了纪律性规范。

中考加分，是关注度极高的社会问题，也是政策性非常强的教育问题。处理不好，不利于社会和谐、教育公平，也不利于教育目标的实施和教育质量的提高。深圳市为了扶持金融业发展，2003 年出台、2004 年开始执行的对金融高管子女中考加 10 分的规定，引起了社会极大的争议，以至于教育部出面陈答，明确予以制止。[1] 2008 年浙江省绍兴县教育局出台《关于柯桥城区人才子女的中考加分试行意见》（绍县教普〔2008〕97 号），被绍兴市民指为"买房加分"政策，在当地引起轩然大波。中考加分政

---

[1] http://edu.people.com.cn/GB/1053/7169303.html

策出了这一类看上去匪夷所思的问题，是因为泛化理解和任意利用了教育政策作为公共政策的一面。教育政策有其公共政策的属性，但它首先是教育政策，其对教育资源利益的配置和调整，必须符合教育性和公益性的原则。教育政策的公共政策的属性和功能，主要表现在两方面。其一，对普遍认为处在相对不利一方的教育资助和补偿行为，比如说对少数民族考生加分，以及对重灾区考生加分等等。其二，对为了国家利益和公共利益作出贡献乃至牺牲并因此而普遍性地使其子女教育处于不利的公民的子女的加分政策，如对烈士子女的加分、对获得见义勇为英雄称号而牺牲者的子女的加分等。这一类政策安排，既是站在国家和社会利益立场上对贡献乃至牺牲行为的赞赏和表彰，也是对其子女的一种教育资助和补偿行为——他们的行为普遍性地对其子女的教育带来不利的影响，如果客观上并未对其子女的教育造成不利那倒反成特例。中考加分，作为分配性政策，在上述两类制度安排上，一方面体现了教育政策的作为公共政策的属性和功能，符合教育公平的要求；一方面体现了教育政策与一般公共政策的区别，亦即以人的发展为宗旨[1]，体现了教育性、公益性的原则。体现在中考加分政策上，教育政策作为公共政策的资源分配的属性和功能，主要是向下的，指向对处在不利一方的补偿和救助。给金融高管子女加分，既违背了教育性、公益性的原则，也违背了指向处在不利一方的公共政策对公共资源配置的逻辑。设若，某人对国家社会贡献甚大，达致荣膺院士称号的高度，是否说可以对其参加中考的子女加分呢？回答是，不可以。因为不能据此引出，他的固然也是值得尊崇的行为普遍性地会使其子女教育处于不利的结

---

[1] 范国睿，教育政策的理论与实践［M］，上海教育出版社，2011：14.

论。所以，同样违背了教育性、公益性的原则，也违背了指向处在不利一方的公共政策对公共资源配置的逻辑。问题是，这样的为了吸引高层次人才而对其参加中考的子女加分政策，虽然"教基厅〔2008〕3号"文件明文禁止，此后又有各级相关文件三令五申，2011年、2012年在少数地区还是存在。这是需要注意的问题。还有些地区，将中考加分政策用于推进计划生育政策，也是值得存疑的，因为此一政策无从获得教育性的解释和支持，只会带来新的社会不公。

除了教育资助和补偿外，中考加分政策还发挥着教育性奖掖的功能，体现了教育政策的独特功能，这就是对学生的优异的特长和优异的创新能力的鼓励和奖励；这时，教育政策主要是向上的，指向处在优势的一方，体现了教育政策的引导功能和示范功能。在具体政策制定和实施中，这是个非常复杂的问题，常常招致非议。一方面，可能受到平均主义的教育公平观的影响，而平均主义的公平恰恰是表面的所谓公平掩盖着更深层次的不公平。我们必须看到："素质教育的目的是鼓励拔尖，发展人的个性，使每个学生都能做到全面发展、个性发展和终身发展相统一。"① 从这一角度看，恰当的加分政策，应该是拔尖人才发现和培养的一项好的制度。如何确定这一类的加分项目、分值和范围，要看：政策是否体现为了人的发展的教育宗旨；是否有利于素质教育的实施；是否有机会公平作基本保障；是否公正、公平、公开，能够接受社会的广泛而充分的监督。招致普遍诟病的奥数加分，正是走向了素质教育的反面，助推了"应试教育"，干扰了正常的教育教学。目前从全国看，学科类竞赛加分的现象已经很少了，中

---

① 袁贵仁，素质教育：21世纪教育教学改革的旗帜 [J]，中国教育学刊，2001，(5).

考加分政策总体上是理性的和规范的。另一方面，毋庸讳言，这一类的加分政策确实有不如人意的地方，有些引发了教育的不公平，对教育改革和发展带来较大的干扰，有些地方甚至出现了腐败现象，败坏了教育部门的行风，损害了教育部门的形象。这也是这份侧重纪律性规范的文件出台的重要原因。中考加分等相关政策的制定和实施，是一项重要而复杂的工作。中考加分政策，如何在确保公平、公正的前提下更好地发挥教育性奖掖功能，一方面固然需要谨慎从事，一方面更需要为促进中考改革，为全面实施素质教育、促进人的全面而有个性的发展，为发现和培养拔尖人才，在制度和政策上不断探索、不断突破。

下篇　测评工具研究

第一章　改进性研究的策略选择和学理选择

一、改进性研究的策略选择

本篇对测评工具的研究，主要基于现在通行的初中毕业与升学考试所采用的测评工具的改进性研究。定位在改进性研究，是因为教育实践的需要。这不是简单的"顺从"，而是基于这样的认识，即测评工具作为具体的方法，固然有它自身的对"一致性"和"功效"的诉求，但它更应该是教育方法、教学方法和学习方式的"镜像"——像与不像，这其实就是效度问题——"应试教育"形成了一种反置，教育方法、教学方法和学习方式成了测评工具的"镜像"；所谓"因于学习的评价"和"为了学习的评价"，就是这一关系的拨乱反正。新世纪课程改革，对基础教育的事业发展产生了广泛而深刻的影响。中考改革，是课程改革的重要组成部分。在课程改革和素质教育的教育教学语境中，中考改革也已经产生了一系列重要进展。虽然我们说，中考改革带来的变革总体上看处在"宽而浅"的状态，但是"宽"固然可喜，"浅"也值得珍视。因此说，中考改革的一系列进展，是我们选择改进性策略的原因。中考改革以来，考试方式也日渐多样化，促进了学生的全面发展、个性发展和主动地、生动活泼地发展；命题着力体现新课程理念和素质教育要求，严格按照课程标准命题，力求全面考查知识与技能、过程与方法、情感态度价值观等三个维度的课程目标，坚持能力立意，科学考察"双基"，注重联系实际，考查探究能力，体现人文关怀，体现正面教育，命题改革成果显著，试题质量大大提高，对教学改革和学生学习方式的转变产生了积极影响；根据新课程计划和课程标准的要求，通过多年的探索和不断改进，逐步确立了更为科学的试卷结构技术指标，试卷结构更加科学，促使课程实施更加合理；试卷基本满足了毕业和升学两项功能的需求，考试难度下降，绝大多数命题单位的难度控制在 0.65～0.75 之间；较之原来的 0.60 左右的难度有了较大幅度的下降，减轻了学生过重的课业负担；命题研究不断深入，命题技术逐步提高，考试题型持续创新，试卷编制更具人文关怀，尤其是研制了大量的能够引导培养学生的创新意识和实践能力的开放题、探究题、实验题、迁移题、案例题等等，逐步引入了 SOLO、PETA、PISA、TIMSS 等新的命题技术和评价方法，对促进学习方式的转变发挥了重要作用；精心研究制定综合素质评价的指标体系，普遍实行了综合素质评价，改变了以分数为普通高中招生唯一依据的做法，促进了学生的全面发展。

改进性研究策略选择的现实依据，主要是上述内容。当然，如果纯然从价值理性的角度看，这一策略确乎是一种妥协。我们要申明的是，超越性的批判性思维仍然必要，从价值理性的立场出发，对现行中考改革提出种种严苛的质疑乃至体系性的批判，并不为过。改进性研究策略，确乎只是也只能是"选择"之一而已，这就是着眼目前、立足现实、为了实践的。这里有一个基本共识，就是新的课程改革方向正确、成效显著、影响深远。改进性研究策略，就是基于课程改革方案、各科课程标准，以及课程改革的实践。因此，我们的方法论路径就是工具理性与价值理性的结合。"工具理性"是法兰克福学派批判理论中的一个重要概念，其最直接、最重要的渊源是德国社会学家马克斯·韦伯（Max Weber）所提出的"合理性"（rationality）概念。韦伯将合理性分为两种，即价值（合）理性和工具（合）理性。价值理性相信的是一定行为的无条件的价值，强调的是动机的纯正和选择正确的手段去实现自己所要达到的目的，不太计较效果。而工具理性是指行动只由功利的动机驱使，行动者纯粹从效果最大化的角度考虑，而忽视甚至轻慢人的情感和精神价值。工具理性与价值理性，学术的切分非常容易，但在实践中做不到完全割裂，总是这样或那样结合在一起，但主导者谁，谁就获得方法论的地位和功能。毋庸讳言，工具理性的膨胀，确实是教学评价必须要正视的现实。我们这里试图达成两者平衡配置或者说妥协安排。这一温和的态度也是改进性研究策略所需要的。中考当然离不开测试和评价工具，并且要高度关注工具的功能和价值，否则，效度、信度、区分度、难度等等就无所措置，中考也就不是中考了，中考改革一直非常重视命题技术，强调命题的科学性、专业性，原因也在于此。而我们的价值理性的内涵，主要指新课程的核心价值和主要内容。合目的、合规律的社会实践活动的成功，取决于价值理性与工具理性的统一。一般情况下，两者是荣损一体。测评工具不好或不当，就不能观测得你所想要的东西；贬损或偏离价值理性，观测所得就是低价值、无价值甚至是反价值的东西。基于课程改革方案、各科课程标准、课程改革的实践，直接说，就是基于课程改革语境中学生的学习、成长和发展。"为了学生"的目的性目标、"因于学习"的规律性目标，能够促进工具性目标指向"便于学习"、"利于学习"，从而使测评工具真正成为合目的的工具。总之，测评工具更应该是对学生学习的知识和学生对知识的学习以及对学生的成长与发展的工具理性语言和方式的描述和解释。

价值理性与工具理性，两者是形神兼备的关系，而作为工具理性的测评工具是形。改进性的策略，力图在现实实践的境遇中达成两者之间的和解与和谐。中考改革以来，它们就是这样一路走过来的，有时是互相将就，有时是互相促进，有时是互相冲突，形成了必要的张力。这个张力的空间就是不断改进的空间。

二、改进性方案的学理选择

改进性方案的学理选择，应当统筹兼顾理想与现实、政策与策略、愿景目标与阶段要求，提供既可信又可行的学术基础。必须注意到，学业考试的改革，与我国经济社会发展"追补"与"超越"并举的发展模式大致同构。一方面，我们要引进和借鉴像 PISA 和 TIMSS 这样的较为先进的教育评价理念和手段；一方面，我们也必须看到，我们现在普遍的施测的理念、工具、工作方式和管理方式，离泰勒、布卢姆等评价理念和所开发的一系列工具的系统性、严谨性、科学性尚有较大的距离。事实上，史密斯和泰勒等人"八年研究"开发的一系列工具和题型，在我们今天仍然有示范价值；布卢姆等人的教育目标分类理论，在我们今天仍然有指导价值。我们不要忘记，常模参照测验，无论在教育体制层面，还是在社会心理和社会价值层面，仍然压在我们头上，甚至还为我们所孜孜以求，助推着"应试教育"的蔓延。而，早在20世纪30年代，泰勒就认为以区分考生为目的的常模参照测验对了解学生的学习状况并无多大价值，并为遏制其影响大声疾呼、不懈努力。所以，我们在"超越"的同时，不应忘记还有更大规模的"追补"的任务，并将之作为基础性工程。当然，基于我们的改革和发展要求，基于全球化的国际合作和竞争环境，我们在"追补"的同时，也不应忘记还有"超越"的重大任务，在基础性工程的背景下，形成引领性的、具有中国特色的教育评价的"地标性建筑"，以期通过重点突破带动整体发展。正是上述考虑，我们选择以《布卢姆教育目标分类学（完整版）（修订版）》①为基础，兼及比格斯和科利斯 SOLO 模型以及 PISA 和 TIMSS 的一些核心理念和评价工具，搭建改进性工作的框架。主要结构是：

1. 《布卢姆教育目标分类学（完整版）（修订版）》（本方案指称的布卢姆目标分类学即指此版本）为框架基础。本书一方面是对布卢姆 1956 年《教育目标分类学，教育目的分类法，手册Ⅰ：认知领域》（简称《手册》）的修订，是布卢姆教育目标分类学的全面的、最新的优化升级；一方面参考了其他异维的分类系统，从某种角度看，其理论框架尤其是具体阐释具有一定的集大成的特色和优势。以《布卢姆教育目标分类学（完整版）（修订版）》为框架基础，是基于它的理论的权威性、应用的普遍性，以及对改进性工作的直接可引用的便利性。对改进性工作来说，如果没有直接可引用的便利性，那就意味着我们要做较大的调整或者是重新阐释；而用一套多少带有"自话自说"性质的理论作工作框架的基础，这对改进性工作的可靠性、可信性将是一个极大的挑战，甚至其本身就是工作的一个先天性的致命的硬伤。我们在后面讨论能力表现框架体系和讨论效度时还会对布卢姆目标分类学进行阐释。这里列出《布卢姆教育目标分类学（完整版）（修订版）》的三个表，以见其大略。其中表 3.1 分类表（表 1）可以整合表 4.1 知识维度（表 2）和表 5.1 认知过程维度（表 3），组成一个内容丰富、功能全面的双向细目表。

---

① 参见：［美］洛林·W. 安德森等，《布卢姆教育目标分类学（完整版）（修订版）》，蒋小平、张琴美、罗晶晶译，外语教学与研究出版社，2009.

表1　《布卢姆教育目标分类学（完整版）（修订版）》表 3.1 分类表

知识维度	认知过程维度					
	1. 记忆／回忆 （Remember）	2. 理解 （Understand）	3. 应用 （Apply）	4. 分析 （Analyze）	5. 评价 （Evaluate）	6. 创造 （Create）
A. 事实性知识 （Factual Knowledge）						
B. 概念性知识 （Conceptual Knowledge）						
C. 程序性知识 （Procedural Knowledge）						
D. 元认知知识 （Metacognitive Knowledge）						

表2　《布卢姆教育目标分类学修订版（完整版）（修订版）》表4.1知识维度

主类别及其亚类	例子
A. 事实性知识——学生通晓一门学科或解决其中的问题所必须了解的基本要素	
A_A. 术语知识（Knowledge of te）	技术词汇、音乐符号
A_B. 具体细节和要素的知识（Knowledge of specific details and elements）	重要的自然资源、可靠的信息源
B. 概念性知识——在一个更大体系内共同产生作用的基本要素之间的关系	
B_A. 分类和类别的知识（Knowledge of classifications and categories）	地质时期、企业产权形式
B_B. 原理和通则的知识（Knowledge of principles and generalizations）	勾股定理、供求规律
B_C. 理论、模型和结构的知识（Knowledge of theories, models, and structures）	进化论、美国国会的组织架构
C. 程序性知识——做某事的方法，探究的方法，以及使用技能、算法、技术和方法的准则	
C_A. 具体学科的技能和算法的知识（Knowledge of subject–specific skills and algorithms）	水彩绘画的技能、整数除法的算法
C_B. 具体学科的技术和方法的知识（Knowledge of subject–specific techniques and methods）	访谈技巧、科学方法
C_C. 确定何时使用适当程序的准则知识（Knowledge of criteria for determining when to use appropriate procedures）	确定何时运用牛顿第二定律的准则；判断使用某一方法估计企业成本是否可行的准则

主类别及其亚类	例子
D. 元认知知识——关于一般认知的知识以及关于自我认知的意识和知识	
D_A. 策略性知识（Strategic Knowledge）	知道概述是获得教材中一课的结构的方法；使用启发法的知识
D_B. 关于认知任务的知识，包括适当的情境性知识和条件性知识（Knowledge about cognitive tasks，including appropriate contextual and conditional Knowledge）	知道某一教师实施的测试类型；知道不同任务对于认知要求的知识
D_C. 关于自我的知识（Self-Knowledge）	知道对文章进行评论是自己的长处而写作是自己的短处；知道自己的知识水平

表3　《布卢姆教育目标分类学（完整版）（修订版）》表5.1认知过程维度

类别 & 认知过程	同义词	定义及其例子
1. 记忆/回忆（Remember）——从长时记忆中提取相关的知识		
1.1 识别（Recognizing）	辨认（Identifying）	在长时记忆中查找与呈现材料相吻合的知识（例如，识别美国历史中重要事件的日期）
1.2 回忆（Recalling）	提取（Retrieving）	从长时记忆中提取相关知识（例如，回忆美国历史中重要事件的日期）

类别 & 认知过程	同义词	定义及其例子
2. 理解（Understand）——从口头、书面和图像等交流形式的教学信息中构建意义		
2.1 解释（Interpreting）	澄清（Clarifying） 释义（Paraphrasing） 描述（Representing） 转化（Translating）	将信息从一种表示形式（如数字的）转变为另一种表示形式（如文字的）（例如，阐释重要讲演和文献的意义）
2.2 举例（Exemplifying）	示例（Illustrating） 实例化（Instantiating）	找到概念和原理的具体例子或例证（例如，列举各种绘画艺术风格的例子）
2.3 分类（Classifying）	归类（Categorizing） 归入（Subsuming）	确定某物某事属于一个类别（如概念或类别）（例如，将观察到的或描述过的精神疾病案例分类）
2.4 总结（Summarizing）	概括（Abstracting） 归纳（Generalizing）	概括总主题或要点（例如，书写录像带所放映的事件的简介）
2.5 推断（Inferring）	断定（Concluding） 外推（Extrapolating） 内推（Interpolating） 预测（Predicting）	从呈现的信息中推断出合乎逻辑的结论（例如，学习外语时从例子中推断语法规则）
2.6 比较（Comparing）	对比（Contrasting） 对应（Mapping） 配对（Matching）	发现两种观点、两个对象等之间的对应关系（例如，将历史事件与当代的情形进行对比）

类别 & 认知过程	同义词	定义及其例子
2.7 说明 （Explaining）	建模（Constructing models）	建构一个系统的因果关系（例如，说明法国 18 世纪重要事件的原因）
3. 应用（Apply）——在给定的情景中执行或使用程序		
3.1 执行 （Executing）	实行（Carrying out）	将程序应用于熟悉的任务（例如，两个多位数的整数相除）
3.2 实施 （Implementing）	使用，运用（Using）	将程序应用于不熟悉的任务（例如，在牛顿第二定律适用的问题情境中运用该定律）
4. 分析（Analyze）——将材料分解为它的组成部分，确定部分之间的相互关系，以及各部分与总体结构或总目的之间的关系		
4.1 区别 （Differentiating）	辨别（Discriminating） 区分（Distinguishing） 聚焦（Focusing） 选择（Selecting）	区分呈现材料的相关与无关部分或重要与次要部分（例如，区分一道数学文字题中的相关数字与无关数字）
4.2 组织 （Organizing）	发现连贯性（Finding coherence） 整合（Integrating） 概述（Outlining） 分解（Parsing） 构成（Structuring）	确定要素在一个结构中的合适位置或作用（例如，将历史描述组织起来，形成赞同或否定某一历史解释的证据）

类别 & 认知过程	同义词	定义及其例子
4.3 归因（Attributing）	解构（Deconstructing）	确定呈现材料背后的观点、倾向、价值或意图（例如，依据其政治观来确定该作者文章的立场）
5. 评价（Evaluate）——基于准则和标准作出判断		
5.1 检查（Checking）	协调（Coordinating）查明（Detecting）监控（Monitoring）检验（Testing）	发现一个过程或产品内部的矛盾和谬误；确定一个过程或产品是否具有内部一致性；查明程序实施的有效性（例如，确定科学家的结论是否与观察数据相吻合）
5.2 评论（Critiquing）	判断（Judging）	发现一个产品与外部准则之间的矛盾；确定一个产品是否具有外部一致性；查明程序对一个给定问题的恰当性（例如，判断解决某个问题的两种方法中哪一种更好）
6. 创造（Create）——将要素组成内在一致的整体或功能性整体；将要素重新组织成新的模型或结构		
6.1 产生（Generating）	假设（Hypothesizing）	基于准则提出相异假设（例如，提出解释观察的现象的假设）
6.2 计划（Planning）	设计（Designing）	为完成某一任务设计程序（例如，计划关于特定历史主题的研究报告）

类别 & 认知过程	同义词	定义及其例子
6.3 生成 （Producing）	建构（Constructing）	生产一个产品（例如，有目的地建立某些物种的栖息地）

2. 适当引进 TIMSS 和 PISA 的一些工作标准，对试题命制的理念进行分析研究。参考 TIMSS 和 PISA 的一些试题，分析研究复杂学习反应的测量部分尤其是表现性评价部分，提出具有可行性的改进措施。

TIMSS 是国际数学和科学评测趋势（The Trends in International Mathematics and Science Study）的缩写，是由国际教育成就评价协会（the International Association for the Evaluation of Educational Achievement，简称 IEA）发起和组织的国际教育评价研究和评测活动，主要是通过测试和问卷测量各参加国学生数学和科学成绩的状况，调查的对象主要是 4 年级（9 岁）和 8 年级（13 岁）的学生。与 PISA 的依据是终身学习的动态模型，更加着眼于学生作为未来公民的发展能力不同的是，TIMSS 更加注重课程、教材和学校教育，着重考查各国的课程成就，对我们基于课程方案、课程标准的改进性工作有直接参考价值。例举 TIMSS－2003 的一道题"摄氏温度计"，或可窥见一斑。

编号	内容领域	主题	认知领域	答案
S022225	物理学	热与温度	推理与分析	D

在不同的高度，水的沸点从 80℃ 到 100℃ 之间变化。下面哪个摄氏温度计能最准确地测量在不同高度的水的沸点？

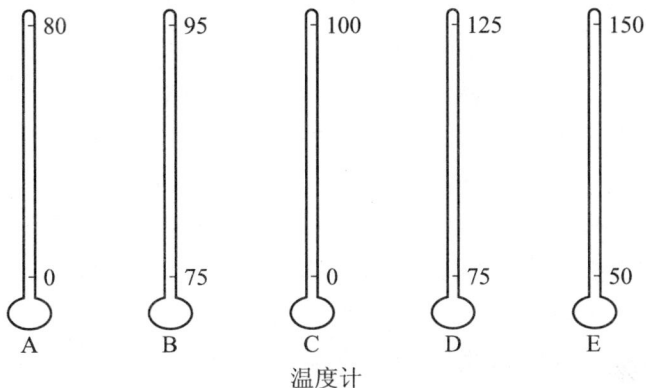

温度计

A. 温度计 A

B. 温度计 B

C. 温度计 C

D. 温度计 D

E. 温度计 E

上引的编号表，如果有 2 道以上的题目，就完全可以结构化为与布卢姆目标分类学非常接近的双向细目表。

PISA（Programme for International Student Assessment）（国际学生评估项目的缩写）是一项由经济合作与发展组织（Organization for Economic Co-operation and Development，简称 OECD）统筹的学生能力国际评估计划。主要对 15 岁学生进行评估，测试学生们能否掌握参与社会所需要的知识与技能，评估主要分为 3 个领域：阅读素养、数学素养及科学素养。PISA 施测对象主要是 15 岁学生，恰好是我们初三年级绝大部分学生的年龄，可以直接比较与借鉴于我们的中考改革。尤其是从工作改进的要求看，PISA 先进的评价理念、科学的评价标准、规范的评价程序、可靠的评价结果，它的"素养"的内涵及其在工具和任务设计中的贯彻落实，它的题型的开放性及其对学生推理、整合、想象能力的考察，都正是我们中考改革孜孜所求的，同样是我们改进的重点和方向。华东师范大学申宣成曾比较 PISA2009 阅读试题与 2009 年上海中考语文试题。统计显示，在 PISA2009 提供的 141 个题目中，开放题就占了 63 个，约占试题总数的 45%，是数量最多的题型。而上海的中考现代文阅读共有 11 个题目，开放题占了 2 个，尚不足20%。申宣成指出："两者的比例相差如此之大，原因在于评价旨趣的不同。PISA 阅读评价的目的是考察学生理解、运用、反思和评价文本的能力，这些能力更适于使用开放题；而中考在重点考察学生理解和运用语言的能力的同时，还要兼顾学生对学科知识的记忆和理解，如字词、修辞、句式等。《上海市 2009 年初中毕业学业考试手册》在语文科现代文阅读能力测试方面就列出了 13 个考察要点。"[①] 早在 2000 年，教育部《关于 2000 年初中毕业、升学考试改革的指导意见》（教基〔2000〕10 号）就要求："命题要切实体现素质教育的要求，加强与社会实际和学生生活实际的联系，重视对学生运用所学的基础知识和技能分析问题、解决问题能力的考查，有助于学生创造性的发挥。"文件还对开放性试题的设计予以倡导并提出要求。总的来看，中考改革以来，开放题设计的数量和质量都有了比较明显的改善。但具体到有些地区、有些学科，甚至也出现了客观题比重抬头的现象。在纸笔测试条件下，复杂的学业成就和复杂的学习能力，只有通过优质的开放性试题才能测得。这方面，PISA 的命题理念、标准和技术确实可

[①]　申宣成，中考语文阅读开放题与 PISA 阅读开放题例析［J］，上海教育科研，2009.(12).

以带给我们许多的启示。试举 PISA 2006 科学试题 "S515：健康风险？"：

想象你住在一家大型化学工厂的附近，它制造肥料供农业用途。最近几年，有几位住在这区的人士苦于长期呼吸问题。很多本地人士相信这些症状是附近化学肥料工厂排放的有毒浓烟所导致。

居民举行一个公众集会讨论化学工厂对本地居民健康的潜在威胁。科学家在集会中做出下列的声明。

为化学公司工作的科学家的声明

「我们已研究本地泥土的毒性。我们在我们所采集的泥土样本中，没有找到有毒化学物品的证据。」

为不安的居民工作的科学家的声明

「我们已审视本地有长期呼吸问题个案的数目，并将这个数目与远离居住化学工厂地区的个案数目相比较。化学工厂附近有更多的案件。」

问题 1：健康风险？

化学工厂老板使用为公司工作科学家的声明来主张：「工厂排放的浓烟并不会对本地居民造成健康风险。」

提出一个理由（除了为居民工作的科学家声明）去质疑为公司工作科学家的声明可以支持老板的主张。

．．

．．

．．

．．

．．

．．

健康风险？问题 1 计分

满分

代号 1：提出一个适宜的理由来质疑发言可以支持老板的
论据。

- 导致呼吸问题的物质不一定会被认为有毒。
- 呼吸问题可能由空气中而非泥土里的化学物品
而导致。
- 有毒物质可能随时间改变/分解，在泥土中已
不再具毒性。
- 我们不知道样本是否对这地方有代表性。
- 因为公司有支付科学家们薪水。
- 科学家们害怕丢掉工作。

零分

代号 0：其他答案

代号 9：没有作答

问题 2：健康风险？

为不安的居民工作的科学家比较了在化学工厂附近和远
离居住化学工厂地区有长期呼吸问题的人的数目。

描述这两个地区的一个可能差异，让你觉得这个差异的比较并不令人信服。

. . . .
. . . .

. . . .
. . . .

. . . .
. . . .

健康风险？问题 2 计分

满分

代号 1：答案重点放在被调查地区的各种可能差异。

- 两地居民的人数可能不同。
- 其中一地的医疗服务可能比另一地好。
- 每一地方的老年人口比例可能不同。
- 其他地方可能有其他空气污染。

零分

代号 0：其他答案

- 两地的差异可能很大。

代号 9：没有作答

问题 3：健康风险？
对于下列的数据，你感兴趣的程度有多少？
请在每一行内只勾选一个方格。

	高度兴趣	中等兴趣	少量兴趣	没有兴趣
a) 知道更多关于农业肥料的化学成分	□ 1	□ 2	□ 3	□ 4
b) 了解有毒浓烟排放到大气时发生了什么事情	□ 1	□ 2	□ 3	□ 4
c) 学习那些由排放化学物品而导致的呼吸疾病	□ 1	□ 2	□ 3	□ 4

PISA2006 科学素养评估框架涉及四个方面：情境——认识到生活情境中涉及科学与技术，包括健康、自然资源、环境、危机、科技前沿等方面；知识——基于科学知识包括自然科学和有关科学的知识，理解自然世界；能力——展示一些能力包括识别科学问题，科学地解释现象，在事实和证据的基础上做出结论；态度——显示出对科学的兴趣，支持科学探究，主动承担责任，例如对自然资源和环境的责任。从"S515：健康风险？"题干看，此题目涉及情境中健康和环境两个范畴。在 PISA2006 科学评估中，包括个人的、社区的、全球的、历史的几个方面都突出了情境的特点。问题 1 和 2 可视为对知识和能力的测量，涉及了学生对人体健康、化学污染一些基本知识的理解以及学生识别科学问题、科学地解释现象、在事实和证据的基础上做出结论的能力。最后的问题 3 是对态度的评估，是通过学生对不同问题感兴趣的程度来测量学生对待科学问题的态度，了解学生遇到科技问题时表现出的兴趣、所持的态度和价值观。显然，题目的设计更强调

将科学知识运用在实际生活情境中去的重要性，侧重于考查学生离开学校教育成年后的生存能力及态度，这正是 OECD 的 PISA 项目有别于其他国际评价项目的特色。这些问题就发生在人们的实际生活中，学生不会感到陌生，在回答问题时学生已经参与到科学决策中，而且学生在回答这些问题时，只凭掌握和提取简单的、某一方面的科学知识是不够的，因此，更突出学生综合运用知识，用科学证据分析、解决问题的能力。①

3. 原版布卢姆目标分类学（指 1956 年《手册》），主要是对知识和题目进行分类，对认知能力阐释不足。1982 年，澳大利亚教育心理学家比格斯和科利斯（Biggs & Collis）提出的 SOLO 分类正是试图弥补这种不足。当然，《布卢姆教育目标分类学（完整版）（修订版）》，对原版进行了较多和较大的改进，注重了对认知维度的细分和统括；尽管如此，对学生的高级学习反应能力的阐释仍显笼统。所以，SOLO 分类对布卢姆目标分类学的弥补功能仍然有效。SOLO 即"可观察的学习结果的结构"，是 Structure of the Observed Learning Outcome 的缩写。SOLO 分类理论关注的是学生在特定的题目或者某个学习领域内表现出来的认知结构，而非总体认知结构，基本上可以嵌入到布卢姆目标分类学的高级认知能力中，使之可识、可测。

SOLO 结构被分成 5 个层次：

第 1 层次，前结构水平（简称 P 水平）：学生不能对问题做出任何有意义的反应。处于这个水平的学生事实上对问题一无所知，所以一般不在我们考查范围内。

第 2 层次，单一结构水平（简称 U 水平）：仅能对某一个相关

---

① 对"S515：健康风险？"的分析，援引胡军给本人的邮件

信息或线索做出反应，或只能做出一步反应。处于这个结构的反应特点是发现一个相关线索就急切寻求答案而忽视反应的内部矛盾。

第 3 层次，多元结构水平（简称 M 水平）：学生可以使用两个或两个以上的相关因素对问题做出反应，但不能把这些因素做出有机整合，所以反应可能包括一些彼此分离的线索。在数学中的典型反应：学生只能遵循严格的包含大量步骤的算法程序来反应，当忘记了其中一个步骤或某一步骤出错时，学生就不知该如何做下去了。

第 4 层次，关联水平（简称 R 水平）：学生的回答反映他们能够从整体上把握刺激题目的要求，并将各种相关信息整合成有机整体。表现为能够检查算法中的错误和矛盾，并可以重建缺少的元素，能够进行反向操作。

第 5 层次，扩展抽象水平（简称 E 水平）：学生可以使用外部系统的资料，主要特点是：会归纳问题，在归纳中概括考虑了新的和更抽象的特征。

SOLO 的 5 等级，在描述上虽然呈现为单维特征，但包含着丰富的内容，总的来看类似于一种基于思维质量的知识维度与认知过程维度相结合的量表方案。但与布卢姆目标分类学的知识维度与认知过程维度的大体上由简单到复杂的具有高低等阶的累积性排列不同（尽管在是否构成累积性层级结构上完整版与原版的看法不尽相同）①，SOLO 是一种从残次品到正品到优质品的具有好差之分的改进完善性的排列方式，并不是一个从点、线、面到立体、系统的由简单到复杂的发展过程。也就是说，学生对某一任务的反应可能是"线"的水平，但就这一任务的原本期待来说，

① ［美］洛林·W. 安德森等，布卢姆教育目标分类学（完整版）（修订版）［M］，蒋小平、张琴美、罗晶晶译，外语教学与研究出版社，2009：246.

应该是"立体",当然是"系统"那就更加优秀了。SOLO 的基准是它的第四等级，也就是我们所讲的正品。这就意味着 SOLO 更适用于灵活度、自由度比较大的开放式论述题。施于开放式论述题这样的题型，SOLO 非常有用，能够很好地测量到所要测量的学习成就。我们可以直接引用 SOLO 判断题目的质量、判断评分标准的质量、分析学生的答案，发挥 SOLO 对复杂认知水平和质量的独特的评判和诊断优势。布卢姆目标分类学完整版也认为："只有到了更为复杂的阶段，他们的描述才更接近于学校的学习目标。"①SOLO 分类原本就是试图弥补布卢姆目标分类学的不足，引入以布卢姆目标分类学为基础的中考测评工具的改进性框架中，非常合适，也非常必要。需要提示的是，在工具设计时，我们要能在材料提供、问题设计、要求限制或引导等方面，基于关联水平（R 水平）给学生提供思维进阶的前提条件或勾勒出思维进阶的虚线，也就是说对实际能够达到关联水平（R 水平）学生来说，他可以通过阅读题目知晓自己被告知要达到关联水平（R 水平），并且通过作答能够达到关联水平（R 水平）。比如说"说说明代后期资本主义萌芽的原因"这样单单就一句的题干，学生就很难把握，一方面，对待这个题干，可以几句话说清，也可以写成一篇小论文；另一方面还得看赋分，8 分是 8 分的作答，如果是 2 分，多说无益，说不定还会诱导部分同学浪费时间。如果要在这样的问题上测得学生的关联水平（R 水平），就需要将它放置到一定的材料背景、观点辨析或问题讨论情境中。

当然，我们也预计到，这样的基于工作改进的框架搭建方式也会受到质疑。这就是，每套理论自有其本身的"理论的自洽

---

① ［美］洛林·W. 安德森等，布卢姆教育目标分类学（完整版）（修订版）［M］，蒋小平、张琴美、罗晶晶译，外语教学与研究出版社，2009：214.

性"，杂取种种，是否会产生不能自圆其说的逻辑困窘。我们的解释是：一方面，我们认为这样的框架的内部是不矛盾的，各要素具有连续性、呼应性，可以构成自洽性的系统。一方面，我们更注重"实践的自洽性"。教育是一个丰富、复杂的实践场域，一只眼看，再"慧眼炯炯"也难立体性地看清真实的世界图景。所以，我们既需要"横看成岭"，也需要"侧看成峰"，只有这样，才能尽可能进入到教育作为实践场域的真实的"生态环境"中。本书上篇"理论研究"部分关于实践方法论的讨论，可以视为上述的理论支撑。于此，有必要再次援引马克思的话："理论的对立本身的解决，只有通过实践的途径，只有借助于人的实践力量，才是可能的。"也就是说，在实践的场域，理论之间的暌隔可能只是虚线，实践的要求和人的实践力量会将各种理论作为实践的资源重新取舍、配置和整合。

第二章　学科能力表现标准体系的构建

一、内涵与功能

"学科能力表现标准"，引用自美国国家教育和经济中心、匹兹堡大学合作研制的"英语、数学、科学、应用学习标准介绍、能力表现说明"。构建学生学科能力表现标准体系，是本书提出的对测评工具进行基于课程标准的改进性工作的核心内容。学科能力表现这一概念简要定义如下：

能力：是主体在知识经验基础上形成的适应或改变环境的能动力量和状态水平。

能力表现：在英语中的词为"performance"，意为"履行、执行、实施、行为、工作、成绩、表现"等，是主体在运用知识、解决问题和完成任务等活动中所表现出来的能动力量和状态水平。

学科能力表现：是学生在完成特定学科学习任务、解决问题、运用知识等活动中所表现出来的能动力量和状态水平。学科能力表现可表述为"在学科中，学生能够做到什么或做到什么程度"。学生的学科能力表现是明确的、具体的、可测的，也是可持续的。

《国家中长期教育改革和发展规划纲要（2010—2020年）》将"坚持能力为重"确立为教育改革发展的战略主题之一。这是新中国成立以来首次将能力培养提到如此高度，是国家在日益激烈的国际竞争中应对挑战的迫切要求，是课程改革的核心内容之一，也是素质教育的应有之义。客观看待我国教育的现状，尽管素质教育已经提倡了很多年，受传统文化和应试教育模式的长期影响，"重知识、轻能力，重分数、轻素质"的现象还比较严重。学生被动学习，不会学习，教学效率低下，课业负担沉重，严重影响着学生的身心健康和个性发展。时代的要求与现实的状况之间形成了鲜明的对比，能力培养的任务显得越发重要而紧迫。课程改革目标需通过学科教学实现，"坚持能力为重"要有效落实到基础教育学科教学中去，就需要有相应的学科能力表现标准及测评依据。构建学生学科能力表现体系，就是要研究中小学主要学科核心知识与能力的构成要素，界定并描述体现国家基础教育目标的学科知识与能力概念和内涵，设计出能力表现的框架，为课程设计、教材编写和学生水平检测提供理论指导，为选择更能有助于培养和体现学科能力的教学内容与检测内容提供依据。

对学科能力的研究是基础教育改革最基础的问题之一。自 20 世纪 80 年代后期以来，许多国家在基础教育改革中都聚焦在学生学科教育标准研究上，研究和实践如何保障学生的学业水平、如何提高教育质量。基于这一目标，各国先后开展了明确学科能力的标准研究。原来没有国家课程标准或严格的地方课程标准的国家（如美国）采取行动，大力开发和制定相关的课程标准，构建完整的课程标准体系；原来已有教学大纲或教学纲要之类课程教学指导文件的国家（如日本），转而研制和改用课程标准；原来已有课程标准的国家（如法国）则修订或研制新的课程标准，完善课程标准的体系。各主要国家无论是制定课程标准还是完善课程标准抑或研制区别于课程标准的评价标准，都是旨在确保课程、教学、教材编写、评价与考试能够有明确的依据。总的来说呈现出以下几类：1. 制定国家统一的课程标准；2. 补充已有的教学大纲或完善课程标准，特别是增加可测评的表现标准；3. 制定国家统一的评价标准。与此同时，组织开展的评价活动对标准研究也有积极的启示，如影响较为广泛的国际教育成就评价协会（IEA）组织的国际数学与科学学业评价（TIMSS）调查，以及经济合作与发展组织（OECD）组织的国际学生评价项目（PISA），从国际视野对相关学科以及跨学科的素养进行了研究并制定了相关的能力框架，进而组织测评。这些研究都对我国学生能力表现的标准研究提供了良好的参考。

在这场"基于标准的改革"的国际教育改革浪潮中，我国政府也与时俱进，本次基础教育课程改革的一项突破在于以"课程标准"代替"教学大纲"，以此指导国家课程与教学的整体性改革与学校实践。我国在课程标准的本土化研究中，对于"教学大纲"与"课程标准"的比较研究、课程标准的三位一体目标研究等较多，而关于能力表现标准的研究相对较少。代表性的研究基本源自对国外相关研究的引介，尤其是对于美国20世纪90年代"基于标准"的大规模的课程改革的介绍。参照美国课程标准的制定，研究者认为完整的课程标准应包含内容标准、表现标准和学习机会标准三种类型。内容标准详细说明在核心学科领域内，学生应该知道什么和能做什么。表现标准主要是回答"怎样好才算足够好"的问题，是对学生掌握内容标准熟练程度的规定。表现标准详细描述学生学习结果所表现的水平，不仅指出了表现质量的水平，还表明了可接受的满足程度的本质特征。学习机会标准一般指为保证学生能达到内容标准和表现性标准的要求，对教师和学生提供教育活动和课程资源的性质及质量的规定，它侧重于教育的公平。这其中，内容标准是基础，表现标准和机会标准是为内容标准实现的水平、实现的条件保障而设定的。如果只有内容标准，则标准仍是含混模糊的、不易评测的、没有保障的。对照我国的课程标准，研究者认为目前我国的课程标准是内容标准与表现标准的混杂，以内容标准为主，有些包含表现标准，有些涉及机会标准，层次性、精细性、可操作性与国外相比尚有较大的差距。学科课程标准对能力的表述比较笼统，很难全面、客观、具体地描述学生的真实能力，这就导致了目前的课程标准难于直接应用。教材编写者可能根据自己对于课程标准的理解决定内容的选择（这里依然缺少表现标准），教师可能根据教材（而非课程标准）设计教学目标、组织教学，而命题者则可能另设考试标准，甚至只根据经验无标准地出题，结果使得教材编写者、教师、命题人员对于标准的理解缺乏共识，造成教师难以对教材进行取舍，而命题内容又可能偏离课程标准要求。由此造成了各个环节目标不清、含混矛盾，超偏缺漏难以避免，课程标准难以贯彻。开展学科能力表现的研究，改变教学目标不清晰、学习内容不明确、评价标准无依据的现实状况，切实推进考试评价制度改革已成为课程改革推进的关键。要更好地促进基础教育科学发展，要真实有效地评价教育质量，必须研制与学科内容标准相配套的学科能力表现标准。

义务教育指政府有义务运用公共资源保障所有适龄儿童接受的教育。义务教育的三个基本原则是强制、普遍与免费。义务教育主要是普通教育，其内涵包括作为特定社会的公民的道德教育、智育，以及保证受教育者体质发展的体育，等等。各学科课程标准，都基于义务教育的终端，对课程内容与目标提出了要求。但是，我国九年一贯制义务教育至其终端，学生在各学科的能力表现上应该呈现出什么样的结构和功能、应该达到什么样的质量和水平，无论是从法律制度，还是从教育政策，以及课程教学的目标和计划上，尚缺乏科学的、明确的、系统的回应。现在这方面的研究和描述，尚不成系统。在教学过程的测评中，对效度、信度的把握，基本上是比较笼统含糊的经验性的陈述，这从各中考组织单位或命题单位的"中考指南"之类的文本以及各地按常规制度安排组织的各学科中考试卷的分析中可以看出来。只有确定义务教育完成阶段学生所应达成的学科能力表现的基准，才能设计与之相对应的测评工具，从而真实反映学生具备的学科能力，也才能在一个相对标准的量度上对义务教育的内容、质量及其相关的观念、文化、体制、机制以及一系列条件保障要素等，进行可见、可测、可控的观察和评价，从而进一步深化课程改革，不断提高教育教学质量。①

二、框架与要件

根据相关研究和学生学科能力表现的界定，学生在运用知识、完成任务和解决问题时，面临着复杂的关系，首先是学生与任务情景的探究关系，这是影响学生学科能力表现的重点和核心，它的内容表现是学习能力、实践能力和创新能力，不同的学生在每种能力上呈现不同的表现水平；其次是学生与教师的互动关系，它的内容表现是应答能力和提问题能力；再次是学生与学生的合作关系，它的内容表现是协作能力。后二者是学生学科能力表现的辅助关系，在实际考查学生学科能力表现时可以简略，但要统筹考虑到。这样，学生学科能力表现的结构框架由三个维度构成：内容领域——体现学生在任务情境中所涉及的知识范围和特征、学科能力——所表现的能力类型和特征以及表现水平——能力的水平层级，这些能力水平是可以观测的。其具体结构框架要素为：

---

① 参阅内部资料：中央教育科学研究所 2010 年度基本科研业务费专项基金课题"义务教育完成阶段学生学科能力表现标准研制"结题报告（课题批准号：GY2010004；主持人：杨九诠；结题报告主要执笔人：杨莉娟、项纯、龚亚夫等）

内容领域［知识情景］、学科能力［学习能力、实践能力、创新能力］、表现水平［领会（领会水平1、领会水平2……）、运用（运用水平1、运用水平2……）、推论（推论水平1、推论水平2……），等等］。这里要格外说明的是，学科能力之学习能力、实践能力、创新能力的分类，是学科间通用性的分类，具体到学科，还必须分为如：语文（数学、英语、物理、音乐、美术……）之学习能力、实践能力、创新能力。每一个学科，都表征着人类不同的认知领域，与之对应的是，人的意识（大脑、心理）中存在的各个不同的特殊领域。[①] 所以，学科能力的研究和把握，要从学科出发，也就是说要从人的认知的不同类别的特殊性出发。在一般性的教学方法和学习方式之下，还存在着体现出学科特殊性的教学方法和学习方式；学生所表现出来的学科能力，亦同理如是。约之，学生学科能力表现结构可如图1所示。

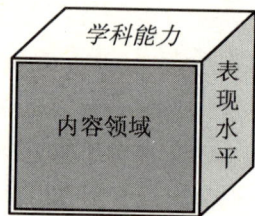

图1

如何编制能力表现的内容和标准呢？美国国家教育和经济中心、匹兹堡大学合作研制的"英语、数学、科学、应用学习标准介绍、能力表现说明"，体大思精，我们可以也应该仿学，力争在同一个水平段上形成有中国特色的学生学科能力表现标准体系。就眼前的改进性工作来说，我们需要有一套便宜有效的方法，可以基于课程目标、再基于教学目标、再基于教学的反思与评估要求，经过努力初步编制出学科能力表现的内容和标准。建议采用陈述句描述与双向细目表结构相结合的方式建构学科能力表现的大纲细目，形成类别清晰、层次分明的学科能力表现内容和标准

---

① 参见：［英］A·卡米洛夫-史密斯，超越模块性——认知科学的发展观［M］，缪小春译，华东师范大学出版社，2001.

的体系。双向细目表，主要依据布卢姆目标分类学。学科属性和特色，由《布卢姆教育目标分类学（完整版）（修订版）》表3.1分类表左列知识维度的每一大类的亚类和首行认知过程维度的每一大类的行为动词来界定和描述。总的原则是，基于课程标准，结合教学目标，制定本学科能力表现的内容和标准。制定时要考虑分类、分层两个维度。分类，主要依据知识维度；分层，主要依据认知过程维度。但，均以一句完整的陈述句描述。参照 R·M·加涅、W·W·韦杰等《教学设计原理（第五版）》① 第七章"确定表现性目标"，并简约处理，陈述句包括以下三个要件，并与双向细目表相限制、相阐释，共同表达学科能力表现的内容和标准。

1. 谓语动词，表示认知过程维度。根据课程标准要求和教学目标，在布卢姆教育目标分类学框架内选择动词。为了表述的明确晓白，可以对布卢姆教育目标分类学框架内的动词进行修改、细化、扩充。但要建立这样的意识，即：修改、细化、扩充的这个动词，相当于布卢姆教育目标分类学框架内的某个动词；为了检核的方便，要在修改、细化、扩充的这个动词后面，用加圆括号和下划线的方式，标注出与该词对应的布卢姆教育目标分类学认知过程维度某一大类的亚类的那个动词。谓语动词，表示认知过程的类别，也在某种程度上体现认知水平。但要注意，这里的认知水平不是划定学业水平等级；它的真实所指是，在某个具体的能力表现点上，基于课程标准，要求学生达到的学习目标和学习水平的基准描述。比如说，某个知识内容，对应一个认知过程维度，要选择一个谓语动词来具体描述这个能力表现点，从而形

---

① 参见：［美］R·M·加涅，W·W·韦杰等，教学设计原理（第五版）［M］，王小明、庞维国、陈宝华、汪亚利译，华东师范大学出版社，2007.

成基准；这个知识内容，还可能对应另一个认知过程维度，这样就必须选择另一个谓语动词来具体描述这个能力表现点，从而形成一个比较复杂一点或简单一点的基准；也有可能，对义务教育完成阶段的学生来说，基于课程标准的要求，某个知识内容只需要对应一个相对简单的认知过程类别，只有到高中阶段，才会对学生提出对应复杂一点的认知过程类别的要求。所以说，谓语动词的选择，是基于课程标准要求的对学生的具体的能力表现点的基准描述，直接与认知过程维度对应相关，也与认知水平有着较为紧密的关系，但是与学生的学业水平等级没有关联。谓语动词的选择，必须考虑到学科性，考虑到与学科性对应的人的认知的特殊性。当然，对学科性以及与之对应人的认知特殊性的关照，不独是谓语动词的选择，还包括宾语名词（词组）与状语条件词组的描述。

2. 宾语名词（词组），表示知识维度。宾语名词作为谓语动词的对象，是基于课程标准要求的课程内容，对具体教学内容的描述。具体教学内容，是一个最小教学单元，可以理解为我们通常所说的"知识点"。具体教学内容，由两个维度共同规定。第一个维度是知识维度大类及其亚类，是亚类的再分。如果知识维度大类是一级，亚类则是二级，学科的具体教学内容则是三级和四级；为了防止过于细碎，也是为了便于把握和操作，一般分解到三级和四级。第二个维度是课程内容。为了不同学科相互协调，也是为了便于操作，课程内容维度原则上按照学科课程标准的目录来安排，在最后一级目录下，按照"知识点"的要求加以再分。这样，就形成了又一套双向细目表。双向细目表的首行为知识维度，左列为课程内容维度。两个维度的分级在实际操作中是重合的，只需要由其中一个维度承担。由于知识维度是表示知识的属性和类别，而课程内容维度是表述具体的学科课程和教学内容，分级工作应当由课程内容维度承担。由于课程内容的容量很大，这样的双向细目表会很长很长，不便于制作，也不便于阅读，必须按照课程内容的单元，分别制作双向细目表。制作这样的双向细目表的好处是，一方面能够确保基于课程标准，一方面分类化、条理化，便于阅读和把握，同时也能确保没有遗漏。这样形成的每一个名词（词组），再全部提取出来，与上述第1点的谓语动词一道，共同编织成布卢姆教育目标分类学的双向细目表。两个双向细目表，互相参照，作为概括成学科能力表现内容和标准的基础。当然，描述学科能力表现内容和标准的陈述句，还必须充分考虑到下面所讲的第3点，即状语条件词组。

3. 状语条件词组，表示给谓语动词与宾语名词联结提供的情境、材料（资料）、时间、地点、目的、原因、结果、方式、工具等条件要素，使用词汇举例："在……情况下"、"为了……"、"采用（运用）……"、"通过……"、"基于……"等等。状语条件词组，在描述学生学科能力表现的陈述句中，有着重要的特殊价值。正是它，通过情境和条件的要求，促进学生能力表现和学业水平的课程化、教学化；它还能够发挥学生能力表现和学业水平与校本课程和校本资源相互联结的独特作用，促进课程内容和学生经验的组织。状语条件词组，是描述能力表现的陈述句的重要组成部分。陈述句中可以包括一个状语条件词组，也可以包括多个状语条件词组，形成诸如情境、条件、方法、工具等元素的集合。一般来说，记忆类、辨认类的能力表现的陈述，可以不包括状语条件词组。但，有趣的是，如果我们将状语条件词组的嵌入作为一种努力，记忆类、辨认类的能力表现的陈述也有包括状语条件词组的可能性；它显著的好处是能够一定程度融进理解类认知能力，有效改变记忆类、辨认类的能力表现可能有的"死记硬背"的缺陷。引之于中考命题，举2012年山东临沂市中考地理试题为例：

> 2011 年 11 月 3 日，随着"雪龙"号破冰船缓缓离开天津码头，标志着我国第 28 次南极科学考察暨第 5 次南极天文科学考察正式拉开序幕。目前我国在南极洲已经建立了 3 个科学考察站。根据上述材料和所学知识，回答 5~6 题。
>
> 5. 我国南极科学考察站的建站时间都选择在 1 月至 2 月的主要原因是 A. 此时是南极的暖季，白昼长 B. 此时南极最为寒冷，冰层坚硬，地基牢固 C. 此时南极冰雪全部融化，地面裸露，方便选址 D. 此时南极出现极夜现象，风雪小

本题的答案是 A。孤立看 A，只是一个需要记忆的地理学科的知识点，就是"1 月、2 月，是南极的暖季，白昼长"。但试题提供了相关情境和资料（其中尤其包括能够较好起到干扰作用的 B、C、D 三个选项），活化和软化了完全"死"记"硬"背的记忆能力的考察。而所提供的相关情境和资料，实际上完全具备状语条件句的属性和功能。当然，从试题命制的专业要求看，本题还需要进一步完善。题干还可以剔除一些冗余信息，再精炼一些；A、D 选项的最后加上诸如"便于开展工作"之类的词组，以便与其他两项保持句式和句义结构的一致，更好地发挥干扰项的效果。

为了便于理解，援引 R·M·加涅、W·W·韦杰等《教学设计原理（第五版）》第七章"确定表现性目标"121 页的两个例子说明。

> 例 1.
> 通过解释光合作用的过程演示阳光如何影响植物的生长。

下划线部分"通过解释光合作用的过程"为状语条件句，"演示"为谓语动词，"阳光如何影响植物的生长"为宾语名词词组。

例 2.

在计算机实验室情境中，给出一些数据表的简单说明，学生将通过输入计算机、使用合适的数据类型、选择合适的键，在 Microsoft Access™ 中演示数据库表格的创建。

下划线"演示数据库表格的创建"，是这一长句的主干部分，由谓语动词"演示"与宾语名词词组联结成一个能力表现的陈述句。其他部分即为状语条件词组。该句的状语条件词组，包括情境、方式、工具等元素；《教学设计原理（第五版）》的作者将该句又分成"情境"、"行为动词"、"工具、限制和特殊条件"三类，与我们所说的"谓语动词"、"宾语名词词组"（在该书中分别称为"习得性能的动词"和"内容或对象"）构成了"五成分目标"。实际运用中，一方面除了我们所说的"谓语动词"、"宾语名词词组"，其他三类不一定全部都有，如例 1 就只有一个元素；另一方面，几个状语条件词组集合在一起，我们很难都能够快速辨认它们的不同，有些甚至界限原本就不分明，所以，我们简约处理，统称为"状语条件词组"。

我们还注意到，有些状语条件词组，本身就包含一个能力表现点，如例 1 的"解释光合作用的过程"。状语条件词组包含的能力表现点，对该句描述的能力表现来说，从知识维度看，具有先前性；从认知过程维度看是相对简单一些的学习反应。这时，一个陈述句所表述的能力表现，就具有了一定的连续性、综合性、系统性。它不仅能有效指导教学，而且对试题的命制以及评分标准的制定也具有很好的参考价值。

再征引美国国家教育和经济中心、匹兹堡大学合作研制的"英语、数学、科学、应用学习标准介绍、能力表现说明"一则初中英语（相当于我们的语文）能力标准陈述以示范例。

例 3.

E5a 学生通过阐释性、批判性和评价性的活动表现出对非小说类作品、小说、诗歌和戏剧的理解，即做到：

●通过作品不断重现主题；

●分析作者在词汇选择、内容安排和用语方面所产生的效果；

●分析文体和文学流派的特点；

●评价作品的优点；

●阐明观点所产生的效果；

●从人物的背景和基本动机角度分析角色行为的原因；

●就小说和非小说类作品的背景、事件、人物、场景和主题方面进行分析并得出结论；

●将刻板的人物与丰满的人物进行比较辨别；

●分析比喻、暗示、措辞、对话和描写等文学手法的效果。[①]

E5a 是编号，E5 是英语的五个标准中的第五大类"文学"，a 是第五大类的排序。"学生通过阐释性、批判性和评价性的活动表现出对非小说类作品、小说、诗歌和戏剧的理解"，是一则典型的学科能力表现陈述句。后面具体阐释，也都是能力表现句。所以征引例 3，是因为其表现为一个句群，形成了由一二级目录组合而成的结构。这一结构的好处是板块清晰、条目明细。我们的能力表现标准体系，也可以参照这一结构方法。

在使用陈述句描述能力表现时，还应该做好以下几点工作。

---

① 美国国家教育和经济中心、匹兹堡大学，美国初中学科能力表现标准［M］，上海市教育科学研究院组译，人民教育出版社，2004：29.

1. 依据布卢姆教育目标分类学的分类表，在每一个陈述句后标注出如 A_A/1.1 这样的标号。也就是说这一句描述的能力表现位于：知识维度 A "事实性知识" 的亚类 A "术语知识"/认知过程维度 1 "记忆/回忆" 的亚类 1 "辨认"。再如 B_B/4.1 这样的标号。也就是说这一句描述的能力表现位于：知识维度 B "概念性知识" 的亚类 B "原理和通则的知识"/认知过程维度 4 "分析" 的亚类 1 "区别"。

2. 上述工作完成之后，再将标号标注到另一个双向细目表中的每一个陈述句后，即首行为知识维度、左列为课程内容维度的双向细目表中。第 1 点所述，是依据分类学标准所做的技术性工作。这里所述，是为了在教学和测评中简易把握和操作。

3. 每一个陈述句均应附有一则试题/作业/任务，用以具体说明这一个陈述句表示的能力表现，以便教学者、评价者（包括试题命制者）理解，也有利于学生的学习。美国 "英语、数学、科学、应用学习标准介绍、能力表现说明"，也在所有的标准中列举了显示学生在该项标准中的能力表现的作业或活动的例子。如上文征引的例 3，就举了显示学生理解文学作品的活动例子。布卢姆目标分类学的原版和完整版都非常重视示例。我们认为，理想中的情形是，每一则学科能力表现句，都能附上几则通过课堂（学习）观察检验的教学（学习）案例，以及几则经过效度核查和难度分层标识（比如说用 A、B、C）的测评题。

4. 基于课程标准和教学目标，对重点能力表现点，按重点程度不同，标注 "*" 或 "**"。高级学习反应均标注 "*" 或 "**"。

编制能力表现内容和标准，是改进性工作方案的基础性工作。这一基础性工作，对基于中考改革的学业水平测评的作用是：

1. 立足课程标准，立足教学目标，来检视、监测中考试卷命制和普通高中录取工作，确保"因教而考、因学而考""为教而考、为学而考"，切实改变"为考而教、为考而学"的状况。

2. 基于课程标准和教学目标，编制能力表现内容和标准，作为中考试卷命制和普通高中录取工作的依据；最大限度地保证中考与课程标准和教学目标的一致性，确保中考的效度，从而确保中考的质量。

3. "两考合一"的中考模式，是标准参照测验与常模参照测验的结合。依据能力表现内容和标准，能保证"两考合一"中标准参照测验的实现度，部分化解中考作为普通高中录取最重要依据的常模参照测验的甄别和选拔功能。

4. 标注"*"或"**"的陈述句，是中考试题命制必须重点关注的内容，可以一定程度保证试卷的整体效度，避免因常模参照测验过于强调题目区分度而可能带来的对某些课程重点和教学重点的缺省或弱化。

5. 根据能力表现内容和标准，对应研判中考试卷之不足，针对没有关注到的陈述句，或者不应该弱化处理的陈述句，提出以下问题：① 是试卷的效度出现问题了吗？② 有没有惯常看来不太容易通过纸笔测验测得的能力表现，可以通过题型和题目的精心设计，在保证信度和效度的前提下，通过纸笔测验测得或部分测得？③ 对那些在纸笔测验条件下难以施测的能力表现，应该采用怎样的表现性评价（真实性评价）的方法和任务来测评？

需要特别指出的是，第③问的提出，逼出了现在中考主要依凭的纸笔测试对学生学业水平测评自身之明显不足，也给我们明示出哪些内容是需要通过表现性评价才能获得的。也就是说，我们可以因此明白：到底是哪些能力表现要通过表现性评价任务和方法来施测，从而避免为表现性评价而表现性评价的表面光鲜和热闹的现象；对应那些需要通过表现性评价才能测得的能力表现，我们有没有使用或开发与所欲测得的能力表现相匹配的表现性评价的工具、方法和任务，从而确保表现性评价的效度。应该说，其解决方案包括其行动本身，乃是中考改革重要的突进点。

由能力表现内容和标准通达中考的线路，均可以形成回路，亦即可以以中考为新的出发点，验证与修正拟定的能力表现内容和标准。这是一个次第连续而又应该形成反馈的系统工作。但是，执行程序必须是从 A 到 B 再从 B 到 A，而不是相反或上一环节的缺省。在这里，A 是课程标准和教学目标。这就意味着，B 的工作，也就是中考试题命制、施测、评分及其解释与利用等，就应该是一个与诸环节、诸因素相联结的关联性工作——正是在各式各样的关联性工作中，它被验证与修正，同时又验证与修正着其他。这个道理很容易理解。问题是，基于这样的关联性，其工作内容、方法和依据是什么？为了体现关联性，也是为了工作的简单便利，建议根据学科能力表现体系，采用各种双向细目表和矩阵图表来开展各类工作。

第三章　效度、信度调查

一、效度

效度（Validity）即有效性，指测量工具或手段能够准确测出所需测量的事物的程度。效度是指所测量到的结果反映所想要考察内容的程度，测量结果与要考察的内容越吻合，则效度越高；反之，则效度越低。效度，是一个普遍周知的概念。这里要强调的是，应该要将测评技术层面的效度调查，建立在更上层的背景之上，这就是素质教育、课程改革、课程标准等，或者说基于素质教育、课程改革、课程标准的教育目标和教学目标以及教育内容和教学内容。教/学什么就考什么，怎么教/学就怎么考，是最大的效度，这之间是 A 与 A′（a 与 a′）的关系——A 是基于标准这一层面，A′是教育测评，A′当中的 a 是"所需测量的事物"，a′是"测量工具或手段"。中考改革，也可以简括为连续的三句话：第一句话，A 要好，表现在学校教育的教学和学习中，体现了素质教育和课程改革的精神和要求；第二句话，A′要好，要能反映出 A，有利于 A；第三句话，从测评专业和测评技术的层面说，a 能够很好地通过 a′反映出来，a-a′与 A-A′同质同构，并落实 A-A′。基于我们的中考实际，如果这三句话都能顺着做出肯定的回答，就可以说，中考改革成功实施了从"应试教育"到素质教育的范式转移。《中小学教育评价》一书认为：

效度包含三个重要的问题：

1. 对希望学生获得的行为的评价程度如何？

2. 对所教内容评价的程度如何？

3. 评价对于预期目的的实现程度如何？①

联结和统整这重要的三问，就是基于布卢姆目标分类学框架的学生学科能力表现体系。A-A′与a-a′之间的连接环节是学科能力表现体系，这是内容的落实传递，也是技术路径的保障；学科能力表现陈述句，是其关系和规程中的核心键，是测量效度高低的尺度。

效度，包括内容效度、整体效度、效标关联效度等。下面，我们基于改进性方案的需求，分别讨论内容效度和整体效度。对于效标关联效度，在后面研究综合素质评价的时候会附带议及。

（一）内容效度

一般将内容效度定义为测试内容与预定要测的内容之间的一致性。内容效度是效度的基础。我们这里，将内容效度界定为测试内容与学科能力表现内容的一致性。这样的好处是，一方面，便于我们的工作；另一方面，固定了预定要测的内容，使测试与课程标准、教学目标保持一致性。内容效度的检核，包括两个方面。第一，测试题目与本题所欲测得的内容（学科能力表现）的一致性；第二，测试题目样本的质与量是否能代表受测内容（学科能力表现）的范围。第一方面与第二方面，可以简化成连续性的三句话：基于所欲测得的内容，一个题目的一致性与代表性如

---

① ［美］Gary D. Borich & Martin L. Tormbari，中小学教育评价［M］，国家基础教育课程改革"促进教师发展与学生成长的评价研究"项目组译，中国轻工业出版社，2004：56.

何？题型相类的一组题目的一致性与代表性如何？一项完整的测评任务（比如一份完整的卷子）的一致性与代表性如何？代表性，需要基本满足质与量两个点；理论上，在可能性与可行性的前提下，测评任务的样本代表性应该做到足够多与足够好。比如说，50 个基本概念的识记能力的测试，带入测试时间这样的限制性条件，只能测试 10 个基本概念，这 10 个就可以认为是足够多或基本满足了量的要求；选择的这 10 个基本概念，涉及所欲测试的课程内容与教学内容的几个主要方面，并且是 50 个概念中相对比较重要的概念，这 10 个就可以认为是足够好的或基本满足了质的要求。再比如说，一份语文试卷测评学生对成语使用的理解能力，共计 4 分，涉及 4 个错误使用的成语，而这 4 个成语都是在褒贬义使用上出错，那就可以说，在成语使用的测评上样本代表性出了问题。

保证内容效度的工作规程，可以参考威尔逊确保内容效度的四个步骤。威尔逊确保内容效度的四个步骤①如下：

步骤 1：明确评价内容范围

我要评价的是学生把基本数学知识应用到日常生活中的能力。

步骤 2：尽可能多地提出反映评价内容的指标

我要评价的内容有：两位数和三位数的乘法及除法知识、在新情景中对这些知识的应用，以及在现实生活中做决策时对这些知识的理解。

步骤 3：设计评价任务，使之只包含与评价内容相关的认

---

① ［美］Gary D. Borich & Martin L. Tombari，中小学教育评价［M］，国家基础教育课程改革"促进教师发展与学生成长的评价研究"项目组译，中国轻工业出版社，2004：59.

知过程

　　我将使用日常生活中的实践问题，比如，根据每加仑汽油能走多少英里，考虑你可以开车走多远，要求学生用乘法和除法的知识来解决这个问题。然后，我将会让学生对计算结果进行解释，并在此基础上做出决策。

　　步骤4：撰写任务指导语，说明你要评价的思维过程

　　我的评价问题是：

　　你正在旅行，在回家的途中，你想从芝加哥到圣路易，这两个城市间的距离是300英里，在高速行驶时，你的车每加仑油能走20英里。

　　1. 从芝加哥到圣路易需要多少加仑汽油？

　　2. 如果出发之前，你加入了23加仑汽油，到达目的地后，还剩下多少加仑汽油？

　　3. 如果每加仑汽油只能行驶15英里，你到了圣路易之后，还能不能继续开车到90英里以外的汉尼拔（Hannibal），在你的祖母家里过夜呢？

威尔逊四步骤，不仅给我们提供了规程，而且提供了案例。威尔逊四步骤，引自《中小学教育评价》。该书所论的结构效度，其实就是指内容效度。作者认为，如果评价的行为与预期评价的认知活动紧密相连，这样的评价就有较高的构想效度。[①] 这恰恰是内容效度的定义，所以该书没有再单列"内容效度"的概念加以阐释。值得一提的是，该书基本依据布卢姆目标分类学，其对内容效度的解释，就与我们的改进性方案形成了契合。

---

　　① ［美］Gary D. Borich & Martin L. Tombari，中小学教育评价［M］，国家基础教育课程改革"促进教师发展与学生成长的评价研究"项目组译，中国轻工业出版社，2004：56.

对于测评的内容效度，可以通过下列表格的填写分别检核。我们可以称之为单题检核表（表4）。

表4

题序		题型	能力表现陈述句		分值	一致性			代表性			内容效度		
大	小		序号	标号		好	中	差	好	中	差	好	中	差
五	23	多项选择题	45	$A_A/1.2$	2	√				√			√	
	24	限制性论述题	47、52	$B_B/1.2$ $C_B/4.1$	6		√		√				√	

本表仅为举例。本表说明：

1. "题序"中"大""小"分别指大题的序号与小题的序号。这样，可以在检核单题时，考察到其所属大题的内容效度。

2. "能力表现陈述句"中"序号"指按照教学内容（可以以教材为依据）排列的内容序号，这样可以在教学内容中找到本题所属的能力表现陈述句；"标号"指按照知识维度与认知过程维度双向细目表确定的属性标号。某一题目可能包含几个能力表现陈述句，因此"序号""标号"可以填写两个以上。

3. "内容效度"的"好、中、差"的评估依据是指，"一致性"与"代表性"两项中，均为"好"才能评估为"好"，只要一个是"差"，就评估为"差"。"代表性"一般要综合考虑本卷中其他同类的题目，如果本题出现偏题、怪题和明显的超纲（标）题，则可以直接判为"差"。

4. 本表给我们提供了一个教学内容到能力表现到题型（题目）到分值再到一致性与代表性的内容效度的整体的、连续的考察链。其中每一个环节之间都可以互相验证和验校，利用这个考察链，我们可以以任何一个环节为核心进行不同目的和需求的考察。

　　这个表格的不足之处是，只能是最小单位的单一考察和微观考察。每一个单题都很好，不是一套完整测试任务的充分条件。在考察内容效度的同时，我们还要整体考察其整体效度。

（二）整体效度

　　这是一个要格外说明的概念。我们一般将"construt validity"译为"结构效度"又译为"构想效度"。从汉语的角度看，"结构"具有整体性、框架性的意思，没有明显的预期和预设的意思，而"construt validity""关注把评价结果作为推断具有某种心理特征的基础"①，"主要适用于心理测验效度的确定"②，强调的是心理反应的过程、特质与水平，用"构想效度"一词更能词意相符。我们显然缺乏一个整体考察一套完整测评任务（如一套试卷）效度的概念。我们希望能够使用"结构效度"这一概念，因为它能"顾名思义"地表述一套完整测评任务对所要测评的内容、目标的结构性预期和达成的程度。我们这里指称的"结构效度"（下文称"整体效度"），包括结构的整体性、结构的均衡性、结构的发展性。结构的整体性：基于双向细目表，试卷是否出现不该有的缺损部分？结构的均衡性：基于学科能力表现体系，试卷是否出现该强的薄弱、该少的富余的偏颇现象？结构的发展性：整体结构作为学生学科能力结构的某种同构，试卷所表达的学科能力结构是否能够促进学生的全面发展；基于课程改革和中考改革，试卷是否体现出必要的价值提倡和方向引导？当然，为了不至于

---

　　① ［美］诺尔曼·E. 格朗伦德，学业成就测评［M］，罗黎辉、孙亚玲等译，江苏教育出版社，2008：165.

　　② 朱德全、宋乃庆，教育统计与测评技术［M］，西南师范大学出版社，1998：97.

徒生歧义，我们这里不得已只能使用"整体效度"这一概念。对整体效度，我们可以分项予以结构性陈述或描述。如江苏省常州市2010年中考物理试卷整体效度评估①。

1. 题型结构

题　型		题量	题号	分值
选择题		15题	1～15	30
填空与作图题	填空	7题	16～22	21
	作图	2题	23～24	4
解答与探究题	计算	2题	25～26	10
	探究	4题	27～30	35

从试卷题量上看，共30题，客观题15题，占30分，主观题15题，占70分，主观题、客观题比例恰当，形式多样。试题语言表述简练、图文并茂、格式规范、卷面设计合理。从学生文字阅读量看，比2009年省统考物理试卷约多200字，比2008年常州市中考物理试卷约少300字，整卷的题量和文字阅读量适中，试卷的长度合理，留给学生充分思维和作答的时间，有利于学生思考问题和从容答题。

2. 内容结构

科学内容	题量	题号	分值	比例
物质	11题	1、2、4、14、16（1～3）、17（1）、21（5）、25、28（3～4）、29（5）、30（1）	28	28%

①　内部资料：常州市2010年中考物理试卷评估报告

科学内容	题量	题号	分值	比例
运动和相互作用	13 题	5、6、7、8、10、15、18（1~2）、19、23、24、26、27、28（1~2）	33	33%
能量	12 题	3、9、11、12、13、17（2~3）、18（3~4）、20（1~2）、21（1~4）、22（1~3）、29（1~4）、30（2~3）	39	39%
其中：实验与科学探究	13 题	1、5、8、9、12、14、15、16、18、27、28、29、30	56	56%

　　本套试卷充分覆盖了初中物理课程标准内容中"物质"、"运动和相互作用"、"能量"三大板块的主干知识以及重点知识。其中，"物质"、"运动和相互作用"、"能量"三大部分分别占比为28%∶33%∶39%，各部分内容比例基本均衡，重点相对突出。对比2009年省中考物理命题指导意见，2010年常州市物理试卷中"物质"主题内容考查分值过高，比省2009年中考物理命题指导意见略高13%，而"运动和相互作用"主题内容明显偏少，比省2009年中考物理命题指导意见略低12%，而"能量"主题的内容基本正常。从"科学探究"考查内容的比例看，2010年常州市中考物理"科学探究"比例达56%，远高于省2009年中考物理命题指导意见规定的30%基本要求。从"科学探究"考查的形式看，其主要依托"实验"和"探究活动"两种形式为考查载体。"实验"题量达到13题，占分高达56分，考查形式既有学生独立实验和学生小组实验，又有教师演示实验与发明制作实验等等。学生自主实验有第1、5、8、14、15、18、27题，占18分；

教师演示实验有 9、12、16 题，占 7 分；创造性拓展实验有第 28、29、30 题，占 31 分。"科学探究"考查采取了多维度、多角度的考查方式，着重凸出基于探究性问题的实验设计、指向性的物理现象观察、有序性的分析论证等，从科学探究要素的考查看，主要涉及：制订计划与设计实验、进行实验与收集证据、分析与论证等核心要素。

3. 难度结构

难度	题量	题号	分值
容易题	27 题	1、2、3、4、5、6、7、8、9、10 11、15、16、17、18、19、20、21、22、23、24、25、26（1）、27（1）、28（1、2、4）、29（2、4、5）、30（1、2）	71
中等题	7 题	12、13、14、22、26（2）、27（2）、30（3）	19
较难题	2 题	28（3）、29（1、3）	10

从全卷试题难易分布看，容易题、中等题、较难题的分值比例为 71∶19∶10，接近 2009 年省中考物理命题意见中建议比例 7∶2∶1 的要求。题目设置有梯度，坡度适宜。能根据学生的年龄特征、思维特点、生活背景和经验编制试题，切合学生的生活实际和认知发展水平，使具有不同的认知特点、不同发展程度的学生都能表现自己的物理学习状况，有一定的区分度，但从难度的实际感受看，试卷中等题与较难题的层次界限不是很明显。

分项予以结构性陈述或描述的好处是眉目比较清楚。上引"难度结构"的表格，是基于阅卷数据的客观统计。我们在测试前就必须对试卷难度结构进行把关，这就必须基于之前中考的数据以及本次试卷的具体情况进行必要的前推，以尽可能保证试卷的质量。这样，与阅卷之后的后验相对照，如此前推—后验，反复校验，经年累积，才能切实提高命题的水平和质量。上引的整体效度的调查，似乎缺少了非常重要的能力维度，或者说，以知识维度替代了能力维度。尽管题型某种程度能够对应能力维度的一些要求，但是一方面它们原本不是一回事，如果一定要区分，一个分属工具理性，一个分属价值理性；另一方面，我们可以运用的题型类别数量，也只能与布卢姆目标分类学认知维度中的大的类别的数量相当，根本不能实现对 19 个亚类的表达功能，何况我们还可以引进其他对布卢姆目标分类学认知维度加以增益。我们主张以学科能力表现来统领整体效度的调查。整体效度，可以借助下表核检（表5）。

表5

内容\题型			填空题			是非题			简答题			多项选择题			限制性表述题			扩展性表述题			总计	
领域	教学目标	能力表现	题量	分值	难度	题量	分值	难度	题量	分值	难度	题量	分值	难度	题量	分值	难度	题量	分值	难度	题量	分值
领域1		1																				
		2																				
		3																				
		4																				
		5																				
		6																				
		7																				
		8																				

内容 题型		填空题	是非题	简答题	多项选择题	限制性表述题	扩展性表述题	总计
领域2	9							
	10							
	11							
	12							
	13							
	14							
	15							
	16							
总计								

本表是由内容与题型构成的双向细目表。本表仅为举例。本表说明：

1. 分别按照结构的整体性、结构的均衡性、结构的发展性对整体效度进行预期描述。描述按照布卢姆目标分类学双向细目表和学科能力表现体系来执行。这样可以保证列表检核整体效度的工作能够在整体关照下进行。所谓整体关照，可以简约为回答上文提到关于结构的整体性、均衡性和发展性的那几问。

2. 在"能力表现"一栏，分条列出所有的能力表现句。这一点非常重要。不一定也不可能每一则学科能力表现陈述句都能够有题目。但是因为分条列出所有的能力表现句，我们就可以核查：没有题目的原因在哪里？有题目的原因在哪里？相应的学科能力表现句是否有相应的题型以及题量、分值、难度与之匹配？样本的代表性、结构的均衡性等等，基本也就可以核查而得了。

3. 应该综合"内容"与"题型"两个维度对整体效度进行核检。

4. 应该结合单题核检表来核检整体效度，因为单题的内容效度是整体效度质量保障的基础。

5. 难度系数的结构是整体效度的组成部分。如果该难一些的不难，该容易一些的不容易，说明整体效度还是出了问题。这个工作由难度系数的预期也就是前推来完成。但前推一定要与结果相对照，从而形成前推—后验机制。

二、信度

（一）信度调查的方法

经典测试理论（CTT）认为，所谓信度（reliability），是指测试和评价结果的稳定性与可靠性。信度一般主要包括两个方面。一是侧重于不同样本，也就是说，如果我们使用相同形式的任务的不同样本，会得出同样的结果吗？比如说，为了防止泄题等安全考虑，我们通常设计两套试卷，这两套试卷作为相同形式的任务的不同样本，用于施测相同的或相近的学生群体，会得出相同的结果吗？如果不是，这说明不同样本测量的稳定性与可靠性出了问题。等值复本法，属于侧重于不同样本的信度评价方法。二是侧重于不同时间，也就是说，如果在不同时间使用我们认为是相同形式的任务的不同样本，会得出相同的结果吗？例如，我们常常碰到这样的情况，今年的数学中考试卷相比较去年偏难、今年英语中考试卷相比较去年偏易，这就是说，不同时间测量上的稳定性与可靠性出了问题。测验—再测验法以及等值复本测验—再测验法，属于侧重于不同时间的信度评价方法。

无论是侧重于样本的不同还是侧重于时间的不同，信度评价通常带入这几个数字：样本 A 合格的学生数与不合格的学生数，样本 B 合格的学生数与不合格的学生数；样本 A 与样本 B 都合格的学生的人数，样本 A 与样本 B 都不合格的学生的人数。如100 个学生，样本 A 合格的学生数 80，不合格的学生数 20；样本 B 合格的学生数 70，不合格的学生数 30；样本 A 与样本 B 都合格的学生的人数 60，样本 A 与样本 B 都不合格的学生的人数10，见表 6：

表 6

		样本 B	
		合格	不合格
样本 A	合格	60	20
	不合格	10	10

$$一致性\% = \frac{两个样本都合格的学生的人数 + 两个样本都不合格的学生的人数}{总人数}$$

$$= \frac{60+10}{100} = 70\%$$

　　这个方法比较简单，易于操作。但是也有问题。第一，通常情况下，不合格的学生数总是很少的（而且，测验、考试都合格的情况并不少见），如果样本 A 不合格的学生数是 3，样本 B 不合格的学生数是 5，怎么计算信度都是极其高的，而事实上这不符合事实。第二，除非目的是从教育测评专业出发，专门调查和研究测量的信度，在通常的学科教学中，包括通常的阶段性测试、学期考试以及升学考试中，很少对同一学生群体进行我们预设是等值的两个样本（复本）的测评。第三，一致性多高为宜，并没有一个大致的取值，也不应该有一个大致的取值。第四，无法对毕业和升学考试这样的大规模标准化考试的信度进行抽样调查。因为这一次的学生已经不是上一次的学生，虽然从同一个学校和区域看，我们完全可以将这一次的学生与上一次的学生视为同一群体，但毕竟个体不同，无法使用这一方法。

我们必须对这一方法加以一定的限制，并通过这一方法评价和提高测评的信度。这一方法适用于中考模拟考试中。一般中考模拟考试，都在两次以上，并且都是仿真考试，不同样本要求最大可能是等值的，也就是信度最好为1。这样，我们就可以运用这一方法在同一目标群体中对模拟试卷进行信度调查。如果模拟考试有三次，我们可以通过前两次信度一致性调查来及时完善第三次模拟试卷。但是，不宜用合格不合格来取值，除非不合格的学生数比较多。取值两次考试的平均分，应该是个可行的方法。如果用这一方法，对某一类题或单题的信度进行调查，能够发挥这一方法的独特优势。当然，全部做对或接近全部做对，以及全部做错或接近全部做错的某一类题或单题，难以考察其信度。某一类题由于包含若干分别赋分的小题，应该取值两次考试的两个同类题的平均分来计算信度的一致性程度。单题，因为单独赋分，可以转化为对错，对就是合格，错就是不合格，从而取值合格不合格来计算信度的一致性程度。

我们知道，在一般教学过程中，我们并不会使用复本来测评学生的学习水平。那么，在这样的更经常的状况下，如何检查和保证测评的信度呢。这就要采用内部一致法。我们同样可以采用上述的方法来调查内部一致法的信度一致性程度。内部一致法，要求我们在命制题目时，同一能力表现陈述句下的同一水平的题目均以偶数出现。方法是：采用半分法，将奇数题与偶数题分开，分别计分，这样就相当于得出了两个复本；然后，将分数低的比分数高的，得出相关系数，如果分数一样，相关系数为 1，相关度最高，信度也最高。如果两者的相关系数为 0.7，运用斯皮尔曼-布朗公式计算该测评的信度[①]：

$$\frac{2 \times 0.7}{1+0.7} = \frac{1.4}{1.7} = 0.82$$

我们建议，仍然可以使用表 3 及其公式来检查信度。因为斯皮尔曼-布朗公式仍然需要解释为什么这样计算，另外信度指标并没有一个相对固定的参照值。表 3 及其公式易于理解，更有诊断价值。具体做法是，采用半分法，将奇数题与偶数题分开，分别计分，得出两个复本。取值两个复本的平均分进行计算。学生数不半分，为参加测试的全体同学，也就是说相当于他们做了两份等值的样本。因为样本等值，时间、空间一致，不存在诸如噪音、情绪等条件影响的差异，对信度的要求应该更高。为了求得信度的精度，可以采用九等分法，第五等为平均分分段。接下来的做法如表 3 及其公式。对单题的信度调查，仍然可以奇偶数分开作为复本，转化为对错，对就是合格，错就是不合格，从而取值合格不合格来计算信度的一致性程度。需要说明的是，学期考试这样的试卷一般总有一两道大题，比如说作文题，由于赋分和测验时间的限制，只能出一道题，那么可以将这样的题分别开来，只调查测验长度是偶数的那部分题。

但是，因为时间的限制，我们不能一味拉长试卷的长度，在命制试题时，为了信度调查刻意将同一能力表现陈述句下的同一水平的题目设计为偶数。但，这一方法，可以用于促进命题队伍

① ［美］诺尔曼·E. 格朗伦德，学业成就测评［M］，罗黎辉、孙亚玲等译，江苏教育出版社，2008：170.

的专业化建设。我们现在的中考命题队伍，往往是临时集结，命题大多依据经验，信度很难得到切实的保障。我们需要建立一支相对稳定的队伍，通过这一方式命题，在一两个班级的学生中进行试测，然后同类的奇数题与偶数题对比，之后再改进，命制新的试卷，再在另一批学生中进行试测。如此反复，不断提高信度，确保试卷的稳定性。这一方法，还有利于提高题库建设水平。将信度好同时效度也好的题目进行标识，可以作为样题，给其他同类试题示以范例。

对中考试卷，信度如何查验和保证呢？这的确是个不小的难题。因为，其一，已经不是同一个学生群体；其二，无论是毕业考试试卷还是中考试卷，比较以前总有这样那样的调整，尤其是在课程改革进程中，所以很难假设为等值的样本，也就是说并不构成复本。这个问题可以这样看待。对上述其一，就具体的学校和区域来说，因为同处在相当的社会环境和教育环境中，不同届的学生可以视同为同一个学生群体。对上述其二，试卷的调整在相邻的届与届之间一般不会太大，试卷内容和目标的调整与教学内容和目标的调整大致协同，所以不同届的试卷可以视同为复本。还有一点，中考试卷的命制，因为是高利害的，从教育公平和录取公平的角度看，也需要不同届的试卷能够保持信度的稳定性和可靠性。对毕业考试和中考试卷信度的调查，简单的方法是拿相邻两份试卷的平均分低的比平均分高的，看它们的相关度，达到和几近1的为高信度。进一步，还可以按题型区分、按简单学习反应内容与复杂反应内容区分，拿相邻两份试卷的不同题型或简单学习反应内容、复杂反应内容的平均分低的比平均分高的，看它们的相关度，达到和几近1的为高信度。整卷查验与部分分别查验应该结合起来。这样做，比单纯整卷查验更精细些。但是，这样的信度查验的价值如何，仍然是值得怀疑的。工作再精细，也很难推出一定就是精准的；信度值显示再高，也很难说就真的是高信度的。其一，两份质量不算高的试卷，仍然有可能显示出高信度数值；比如组织同一批人命制试题，其信度的显示数值可能就比较高。其二，两份显示出高信度数值的试卷，对参加考试的目标群体仍然可能是不公平的；比如去年水平较高的学生或者水平中等的学生吃亏，如果显示高数值的信度的话，就意味着今年还是水平较高的学生或者水平中等的学生吃亏。

（二）确保基于效度的信度

首先要建立这样的基本认识，即信度与效度是密不可分的。信度是效度的必要条件，效度包含着信度，没有信度的效度是低效度或无效度的。效度是信度的前提条件，信度是效度的信度，没有效度的信度只能是没有任何价值证明的统计学数据。测试与评价质量的核心是效度，信度是在讲求效度的前提下对效度的一种说明与保障。真实查验和保证毕业考试和中考试卷的信度，需要将效度与信度联结起来进行考察。基于这样的假设，主观上，人们总是想测评出学生学习的真实的水平，没有人专门为信度而有意设计不考虑效度而只专心于如何确保信度稳定性的试题与试卷；这样，在有等值样本的条件下，我们可以直接对试题与试卷的信度进行查验。然而，虽然我们可以将相邻年度的毕业考试和中考试卷视同为复本，但是因其高利害性，孤立查验其信度，只能是参考性的。那么，如何真实查验和保证毕业考试和中考试卷的信度呢？

好的效度与信度，应该是效度指标与信度指数的协同。效度的查验与保证，是信度查验与保证的出发点和核心。所谓"出发点"，是指逻辑起点的要求也是工作规程的要求；所谓"核心"，是指围绕效度、为了效度。信度的追求与保证，是基于效度的指数要求和指数目标，兼及常模参照测试的甄别目标。为了方便叙述，我们拟从工作规程的角度展开叙述。

1. 制作与能力表现陈述句相匹配的作业样本、活动样本、试题等。这也就是我们在讨论能力表现陈述句描述时所说的："每一个陈述句均应附有一则试题/作业/任务，用以具体说明这一个陈述句表示的能力表现，以便教学者、评价者（包括试题命制者）理解，也有利于学生的学习。"这一工作，举例说明了具体能力表现陈述句的内涵；也给能力表现的表现样态提供了例子，比较容易与测试的题型相联结；还可以为能力表现的量表制作提供一定的经验性参照。当然，量表的制作需要获得测验与评价的一定样本的佐证，但是，制作与能力表现陈述句相匹配的作业样本、活动样本、试题等，给量表提供经验性的描述，仍然是第一步的工作。总之，这一工作，给效度与信度的查验提供了大致的尺度。没有这一步工作，底下的话不能接着说，事不能接着做。

2. 利用表4，对测验题目与评价任务进行内容效度调查。应关注测评内容与题目和题型是否匹配：题目和题型是否足够好地表征能力表现的内容？题目和题型是否足够好地表征能力表现的水平？建议用"好、中、差"分别打印象分。这样做，非常必要，也非常重要，某种程度上是对效度与信度进行先期的定性评价。这一工作，需备案在此，与下一步工作的定量调查相互验校。

3. 利用表5，对测验题目与评价任务进行整体效度调查。一方面，标准参照测评，必须要有结构效度的保证；另一方面，常模参照测评，可能存在为了甄别和选拔过度依赖信度的倾向，需要整体效度的调查来预防在先。整卷的信度调查，必须有整体效度作保障。我们期望，信度，既应该是基于内容效度的信度，也是基于整体效度的信度。当然，构想效度也非常重要；这主要关注的是表现性评价。我们可以"好、中、差"对整体效度打印象分。这一工作，也需备案在此，与下一步工作的定量调查相互验校。

4. 所谓下一步工作的定量调查与验校，是指难度系数与区分度调查与验校。从纯然技术的角度看，信度是由难度系数与区分度决定的，也就是说，稳定的难度系数与区分度，是信度的内容的说明（这就是信度），也是信度的技术保障（这样才能保证信度）。因此，我们不再将难度系数与区分度条列讲解，而是放在现在陈述的改进性工作规程中一并阐述。难度系数调查与区分度调查，是联结效度与信度的重要途径。难度系数与区分度，同时关联到能力表现内容描述与测量工具设计两个方面。难度系数与区分度，有着内在的彼此关联的关系。两项调查，应该是互相验证与校正的关系，需要合并进行。难度系数调查与信度调查，是制作能力表现量表的重要依据。如何确保信度乃是作为效度的信度？难度系数调查与区分度调查，就是易于理解、便于操作的重要途径。需要注意的是，难度系数与区分度并没有大致的规定，需要具体问题具体分析。不同的被测群体，难度系数反应不一，我们可以称之为情境性差异。不同的测评目的，对区分度的要求会存在较大的差异，我们可以称之为目的性差异。

5. 难度是指测验项目的难易程度。这是就测验本身给出的定义。系统观察，难度直接跟教学内容与目标相关，是对能力表现的表现难度的描述。所以，难度也可以定义为学生的某一具体内容的能力表现的能动力量和状态水平的量度刻划。所谓能动力量和状态水平，包含两层意思。一层是，依据课程标准要求和教学目标要求，学生在具体内容的能力表现的能动力量和状态水平上所应该达到的程度，这是标准制定的尺度的基本依据。另一层是，根据被测目标群体，学生在具体内容的能力表现的能动力量和状态水平上所可能达到的程度。前者主要用于标准参照测验，后者主要用于常模参照测验。事实上，考虑课程标准要求和教学目标要求，我们不可能不考虑到具体的被测目标群体的总体状态水平，反之亦然，所以说在具体操作中我们总是会在兼及两者中有所侧重。学生在具体内容的能力表现的能动力量和状态水平，需要通过施测给出的难度系数来表达。这样的难度系数，给我们提供了学生在具体内容的能力表现的能动力量和状态水平的一个当量。在具体操作中，如何保证测评题目和任务的难度系数是学生在具体内容的能力表现的能动力量和状态水平的当量呢？这就需要在两者之间建立一套很好的规约机制。规约机制的运行原则是保证效度与信度的有效联结。第一，前推—后验机制。前推，就是专业预测——专业人士，比如课程专家、教学研究者以及有经验的教师对学生在具体内容的能力表现的能动力量和状态水平进行前期推测。后验，就是将通过测评实际得出的难度系数与前推进行比对分析。前推，也是一种量度刻划，但这样的量度刻划是推测的，是一条虚线。我们可以将某一具体内容的能力表现的能动力量和状态水平放置在需要考察的一个时段的学习领域（比如一个学期），考查学生达到具体的能力表现水平的难易度。前推的量度刻划，我们可以从0到1，0为最难，1为最易，按照9等分，来推断某一具体测评题目和任务的难度，其中0.4～0.6为一个等级，也就是难度为中等，其余等距划分。后验的量度刻划显然是量化的，是一条实线。前推的虚线与后验的实线，给我们提供了比对的参照，比如可以绘制曲线图以相互比较。第二，就比对结果相关度比较差的题目和任务进行效度调查，如果效度没有太明显的问题，就是前推出了问题；如果效度存在问题，后验固然出了问题，也有可能前推与后验都出了问题，需要进一步考察。第三，如果前推的难度相对于后验的难度系数普遍定高或定低了，那就要进行总体相关度考察。如果总体相关度的偏差度比较一致，比如总体平均高出 10% 或低于 10% 幅度，单项基本上在 10% 左右，那可以说明是有效度的，那么后验的难度系数就是有效度的难度系数。

6. 区分度，是由难度系数决定的。过难或过易的题目都不能很好地区分不同水平的个体：题目的难度过高，很少人能答对，分数分布在低分段；难度过低，很少人会答错，分数分布在高分段。区分度的常用指标为 D，取值在 -1 ~ 1 之间，值越大区分度越好。美国测量学家伊贝尔认为：试题的区分度在 0.4 以上表明此题的区分度很好，0.3 ~ 0.39 表明此题的区分度较好，0.2 ~ 0.29 表明此题的区分度不太好需修改，0.19 以下表明此题的区分度不好应淘汰。[①] 区分度是指试题对被试者情况的分辨能力的大小，主要用于评价以选拔为目的的选题。如果纯然是标准参照测评，我们甚至都可以不专门考虑区分度。但是作为常模参照的初中升学考试，由于甄别选拔功能，必须要考虑到区分度。"两考合一"中，升学考试侵凌毕业考试的主要原因是升学考试对区分度的倚重。作为升学考试的区分度，一般都追求比较适当的标准差，进而使考试目标群体的个体间的分数与平均分之间的离散程度形成比较好的正态分布曲线。我们这里要提示的是：其一，从选拔的角度看，高中校的质量结构和规模结构，是区分度设计的重要的参考值。设若，某个地区的高中学校发展的均衡度比较好，比如江苏的南通地区，就不必过于人为设计区分度，而更多由标准参照自然生成。其二，对区分度的关注和设计，应参照普遍实行的高中录取名额分配到初中校的新的招生政策。其三，不管什么

---

① 黄光扬，教育测量与评价 [M]，华东师范大学出版社，2002：79.

情况，都要适度制约对区分度的过度追求，一方面确保是"两考合一"而不是一考废止另一考，另一方面使中考保持"教育性评价"的应有属性——毕竟，"区分度是测验对考生实际水平的区分程度"① 的定义，才是"区分度"这一概念的正解。

---

① 朱德全、宋乃庆，教育统计与测评技术［M］，西南师范大学出版社，1998：112.

第四章　综合素质评价

2002 年 12 月，经国务院同意，教育部颁布了《关于积极推进中小学评价与考试制度改革的通知》（教基〔2002〕26 号），按照坚持教育创新，全面推进素质教育的要求，提出了全面推进中小学评价与考试制度改革的行动纲领和基本框架。文件第一次提出了"初中升高中的考试与招生中，要综合考虑学生的整体素质和个体差异，改变以升学考试科目分数简单相加作为唯一录取标准的做法"。与此同时，作为政策内部要素的配伍，提出要"建立以促进学生发展为目标的评价体系"，并第一次提出"基础性发展目标"与"学科学习目标"的概念。文件要求："以促进学生发展为目标的评价体系应包括评价的内容、标准、评价方法和改进计划。评价标准应该用清楚、简明的目标术语表述，主要包括基础性发展目标和学科学习目标两个方面。"并对"基础性发展目标"的六个方面分节作了具体表述，包括"道德品质""公民素养""学习能力""交流与合作能力""运动与健康""审美与表现"。事实上，"基础性发展目标"的评价就是指"综合素质评价"。各省（市、自治区）、市（地区）、县（区），包括学校的综合素质评价方案，基本上也都是以"基础性发展目标"的六个方面作为评价为基础再作增益。

《国家基础教育课程改革实验区 2004 年初中毕业考试与普通高中招生制度改革的指导意见》（教基厅〔2004〕2 号），重申和深化了"教基〔2002〕26 号"文件的有关精神，要求加强"初中毕业生综合素质评价"，指出："综合素质评价的内容应以《通知》中提出的道德品质、公民素养、学习能力、交流与合作、运动与健康、审美与表现等六个方面的基础性发展目标为基本依据。"并对"基础性发展目标"在工作层面作了比较详细的要求。由此看来，"综合素质评价"与"基础性发展目标"的评价，差不多就是一回事了。"教基厅〔2004〕2 号"文件，最为重要的顶层设计是，明确提出："本次初中毕业考试与普通高中招生制度改革要改变以升学考试科目分数简单相加作为唯一录取标准的做法，力求在初中毕业生学业考试、综合素质评定、高中招生录取三方面予以突破。""三个突破"，进一步明确了改革的目的和任务，构成了初中毕业与高中招生制度改革的有机整体。作为政策规定，"综合素质评价"要求：建立切实可行的学生综合素质评定制度，着眼学生的基础性发展目标（道德品质、公民素养、学习能力、交流与合作、运动与健康、审美与表现等）进行综合素质评价，全面、准确、客观、公正地反映学生的成长和发展情况；将综合素质评价作为毕业和升学的重要依据，尤其是高中招生制度，必须将学业考试成绩和综合素质评价结果共同作为招生录取的依据，彻底改变以升学考试科目分数简单相加作为唯一录取标准的做法。

实事求是说，按之现实，国家政策层面的综合素质评价的理念还处在愿景形态；教育科学层面对综合素质评价的学术研究和理论建构尚嫌不足，缺乏可推广的、系统性的成果；教育实践层面对综合素质评价的实施总体处在这样一个尴尬的阶段——并不能说就满意了，但又似乎只能做到这样，真正"突破"的路径和措施还有待进一步的探索。对综合素质评价来说，我们说改进性工作方案，一方面是基于实际，一方面更是基于"三个方面突破"

的政策要求。"改进"与"突破"看似原本是有些矛盾的词，我们这里说改进性方案，乃是基于政策要求，对"突破"的方案与措施的推进和改善。某种程度上说，"三个方面突破"主要体现在综合素质评价方面。综合素质评价的内容、标准、方式、工作机制和制度、评价结果的解释与使用等等，可以说，某个点上的真正突破，都会为中考改革撑开一片天。这里，拟以2007年全国中考改革情况调查以及临沂市初中学生综合素质评价实施方案为例，对综合素质评价的实际情况及其问题破解之道予以简述和简释。我们还会简单讨论到表现性评价，我们认为必须将综合素质评价纳入到表现性评价之中，使综合素质评价真正成为规范的、科学的教育评价。

一、实施状况的要素分析：以2007年全国中考改革情况调查为例

2007年，中考改革实验探索进入攻坚阶段。为了深入推进中考招生制度改革，准确了解各地中考改革情况，2007年3月，教育部基础司下发了《关于进行初中毕业考试与普通高中招生制度改革情况调查的函》（教基司函〔2007〕21号），组织专家队伍对104个中考组织单位（省或地级教育行政部门、教研部门）进行了问卷调查。同时就中考改革问题组织进行了一系列的调研、访谈、座谈。

基础司为此编制的《基础课程改革实验区中考改革情况调查问卷》中，对初中毕业升学考试、综合素质评价、普通高中招生制度三个方面共计提出了12个问题，其中综合素质评价计有8条，占66.7%，可见综合素质评价在中考改革中既是重点也是难点。8个问题对综合素质评价基本上形成了覆盖，结构化地包涵

了综合素质评价方面的政策要点。也就是说，回答均满意或比较满意，就可以说综合素质评价的实施达到了令人满意或比较满意的水平。8 个问题是：

3. 您所在的地（市）约有多少初中学校开展了综合素质评价？_____%

4. 学生综合素质评价的主要内容：

① 学生的公民素养及日常行为表现；

② 学生平时成绩及学习态度；

③ 学生参与集体活动、社团活动的记录；

④ 学生参加社区服务、社会实践、劳动与技术教育活动的记录；

⑤ 学生参加研究性学习、科技活动的记录；

⑥ 学生参加文艺、体育活动的记录；

⑦ 获奖励情况；

⑧ 其他：_____

5. 对学生综合素质进行评价的主要方式：

① 学生自评；② 学生互评；③ 班主任评价；

④ 其他任课教师的评价；⑤ 家长评价；

⑥ 其他：_____。

6. 学生综合素质评价结果是否在班内公开？

① 是；② 否。

7. 学生对自己综合素质评价的结果若有异议，

① 可以向班主任或校领导提出；② 不可以

8. 保送生综合素质评价结果是否公示？

① 是；② 否。

9. 学生综合素质评价的结果是否以电子档案的方式管理？

① 是；② 否。

10. 如何运用综合素质评价的结果？

① 作为学生毕业的依据之一；

② 作为普通高中招生投档线或入闱条件；

③ 采用差额投档，在成绩相同的情况下，按综合素质评价结果择优录取；

④ 其他：_____。

具体调查结果见以下 8 个问题的分析。

问题 3. 您所在的地（市）约有多少初中学校开展了综合素质评价？

104 个地区，除了 6 个地区未填写情况，1 个地市没有组织之外，其他 97 个地区都不同程度地开展了综合素质评定，占到 93.27%。其中有 79 个地区（占 75.96%）的所有初中都进行了此项工作。

问题 4. 学生综合素质评价包括哪些主要内容？

调查结果表明，各地普遍注意以道德品质、公民素养、学习能力、交流与合作、运动与健康、审美与表现等六个方面的基础性发展目标为基本依据，结合本地区实际情况和需求，设计综合素质评价的指标体系及工作方案。图 2 所示，综合素质评价的具体内容包括学生的公民素养及日常行为表现，学生平时成绩及学习态度，学生参加综合实践活动课程（包括研究性学习、社区服务、社会实践、劳动与技术教育活动）的记录，学生参与校、班集体活动与社团活动的记录，学生参加绿色教育证书活动、科技活动、文艺体育活动的记录，各项活动获奖情况及标志性成果，还包括理化实验操作、体能测试、地理、生物、艺术、音乐、美术、信息技术、地方课程与学校课程等学习成绩，特长及个性化的学习成果、发表作品、发明创造成果、代表性作品，体检记录、心理健康状况等情况。

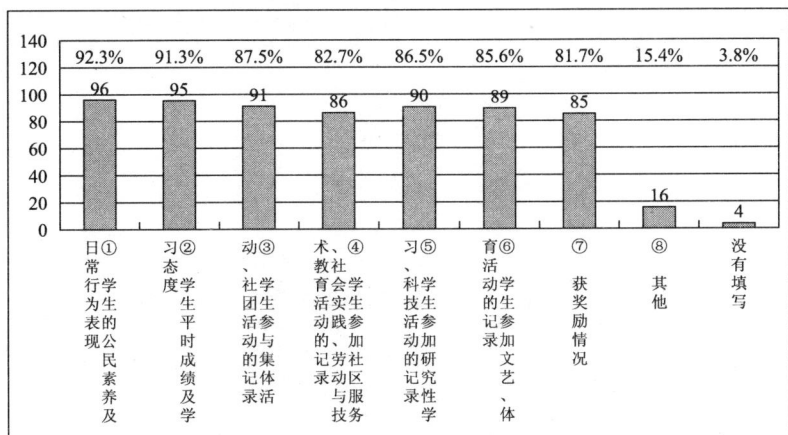

图2　学生综合素质评价的主要内容

问题5. 对学生综合素质进行评价的主要方式有哪些？

图3表明，绝大多数地区采用了学生自评、学生互评、教师评价与家长评价相结合的办法。

问题6. 学生综合素质评价结果是否在班内公开？

80个地区（占76.9%）将学生综合素质评定结果在班内公开；16个地区（15.4%）不在班内公开；8个地区（占7.7%）未填写这一内容。见图4。

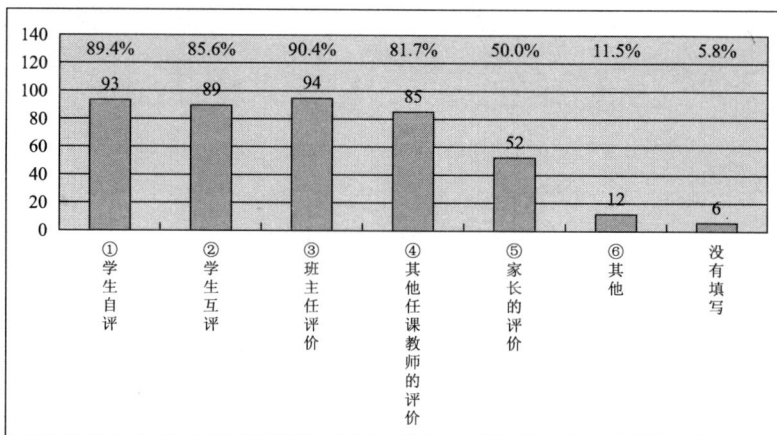

图3 对学生综合素质进行评价的主要方式与比例图

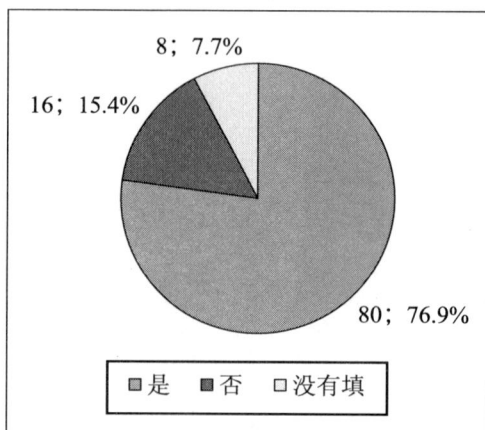

图4 学生综合素质评价结果是否在班内公开的比例图

问题7. 学生对自己综合素质评价的结果若有异议的处理办法。

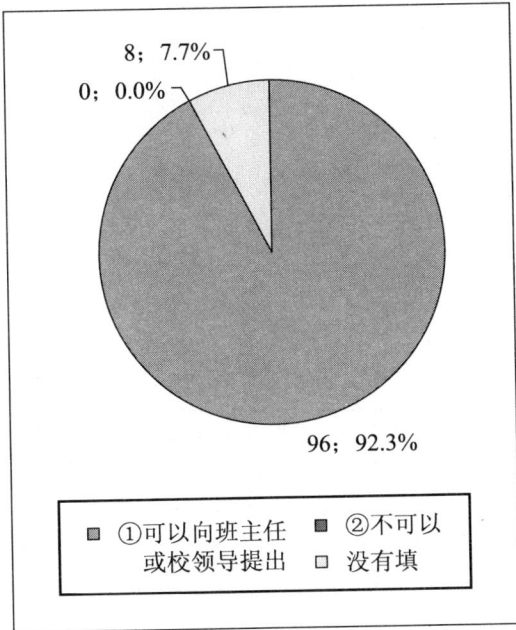

图5 学生对自己综合素质评价的结果若有异议的处理办法

学生对自己综合素质评价的结果若有异议的处理办法，除8个未填写的单位外，其余96个地区全部允许学生向班主任、校领导或有关部门提出复议。见图5。

问题8. 保送生综合素质评价结果是否公示？

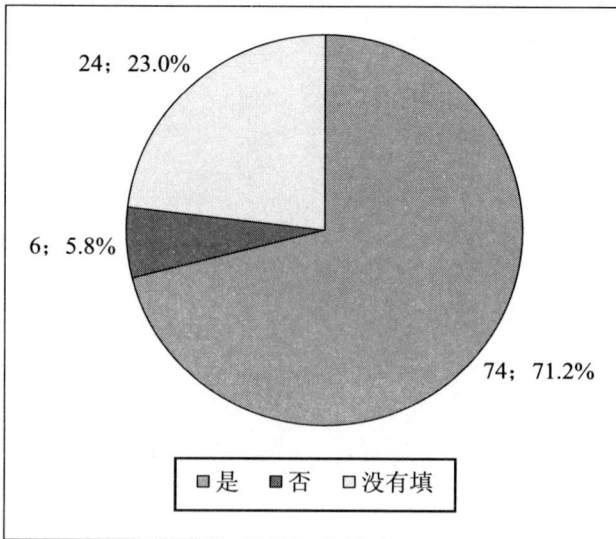

24；23.0%

6；5.8%

74；71.2%

■是 ■否 □没有填

图6　保送生综合素质评价结果是否公示的比例图

74个地区（占71.2%）将保送生综合素质评价结果进行公示；6个地区不公示；未填者24个单位，占23.0%。见图6。

问题9. 学生综合素质评价的结果是否以电子档案的方式管理？

如图7所示，104个单位中，41个（占39.4%）采用电子档案的方式管理；30个（占28.8%）未采用；部分采用地区3个（占2.9%）；未填者30个，占28.8%。

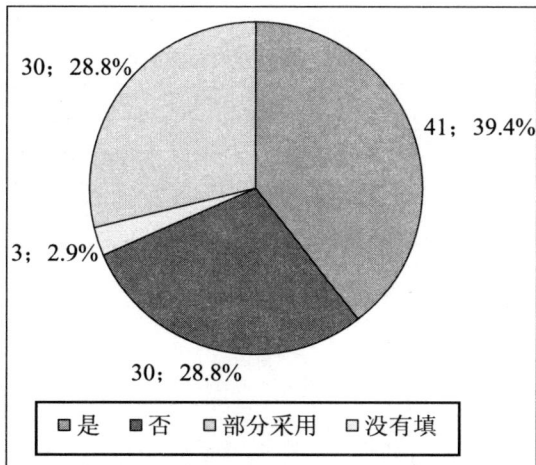

图7　学生综合素质评价的结果是否以电子档案的方式管理的比例

问题10. 如何运用综合素质评价的结果？

据当年教育部统计数据显示，各地都在积极探索将综合素质评价结果作为学生毕业与高中招生的重要依据；其中将综合素质评价结果作为学生毕业的依据之一的地区83个，占79.8%；作为普通高中招生投档线或入闱条件者74个，占71.2%；采用差额投档，在成绩相同的情况下，按综合素质评价结果择优录取者34个，占32.7%；其他14个，占13.5%；没有填写者8个，占7.7%。见图8。

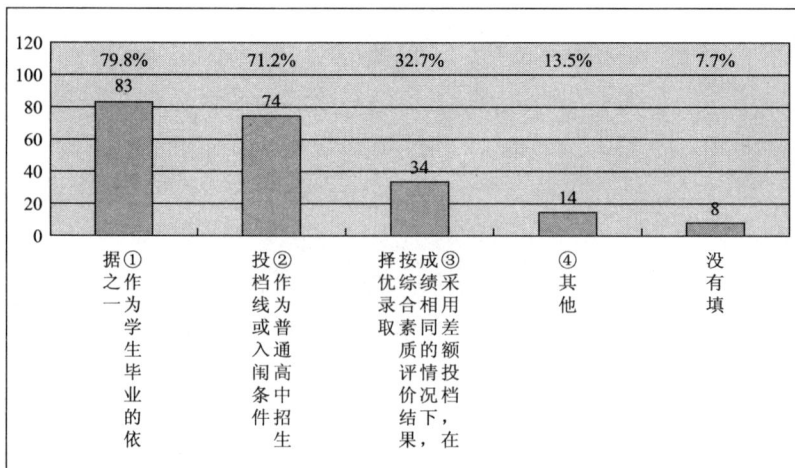

图8　如何运用综合素质评价的结果

2007 年组织的大规模的中考改革情况调研中，综合素质评价部分所列出来的问题均出自政策文件，并且是结构性的，可以视为观测与评估综合素质评价的一种工具框架，为我们对全国实施状况的要素分析提供了很好的样本。时至今日之中考改革，总体上有所进展，尤其是实施方案和工作规程，日趋完备。当然，都还处在对国家相关政策的贯彻落实阶段，离政策的要求和期待，尚有进一步之空间。我们的改进性工作，主要是基于政策的对实践的进一步空间予以讨论。讨论就可以依照 8 个问题构成的简单的工具框架一一检视，而作整体研判。从上述调查的示例，也可以看出这一工具框架是简易而有效的。

比如说综合素质评价的内容，问题 4："学生综合素质评价包括哪些主要内容？"调查结果表明，各地普遍注意以道德品质、公民素养、学习能力、交流与合作、运动与健康、审美与表现等六个方面的基础性发展目标为基本依据，结合本地区实际情况和需求，设计综合素质评价的指标体系及工作方案。"教基厅〔2004〕2号"文件提出："综合素质评价的内容应以《通知》中提出的道德品质、公民素养、学习能力、交流与合作、运动与健康、审美与表现等六个方面的基础性发展目标为基本依据，各地可结合实际情况将其具体化，使综合素质评价的方法具有可行性。"可见各地的实施方案是按文件执行的。各地绝大部分地区都将学生在综合实践活动及其相关方面表现的评价作为综合素质评价的内容，这也符合"教基〔2005〕2号"文件要求："学校还应对学生在综合实践活动等方面的学习情况进行考查，并体现在初中毕业生综合素质评价中。"我们也发现有些地区将地理、生物、艺术、音乐、美术、信息技术、地方课程与学校课程等学科类成绩纳入到综合素质评价中，这是一个值得思考的现象。一方面，这一措施对纠正考什么就教什么学什么的不良倾向，应该能够发挥一定的作用；另一方面，综合素质总体偏软，难以实实在在把握，纳入部分学科成绩，就像是给本来偏软的综合素质衬上了"硬"里子，能够在一定程度上撑起来，似乎增加了可操作性，也更显得公平些。然而，综合素质评价与学科成绩，在理论依据、政策要求和实践操作中都还是属于两种不同品类的评价，两者打成一个包裹，看似填充了"硬料"，其实从本来的政策要求和实践期许看，综合素质评价反倒会因此失真了——这就多少类乎两组不同单位的数字的加减一样，结果实则实矣，然效度则无。

再比如问题9："学生综合素质评价的结果是否以电子档案的方式管理？"其政策依凭是"教基〔2005〕2号"文件提出的"鼓励各地探索利用现代信息技术推进综合素质评价工作"。利用现代信息技术推进综合素质评价的工作，2007年调查的结果并不那么令人满意。到了现在，也未见有太大的改观，总体还处在非常初级的阶段。我们更多的是将学生综合素质评价的结果简单理解为表格化的等级记录的细目表，然后将这类细目表电子文档化。仅如此是远远不够的。"鼓励各地探索利用现代信息技术推进综合素质评价工作"，远不止是技术要求。首先，学生综合素质评价的结果许多都表现为成果，结果的质性表达同时就是成果的评判性的展示。其次，必须有好的功能设置和网络化支持，才能促使现代信息技术与综合素质评价的全面深度融合，以信息化引领教育评价理念和教育评价模式的创新，充分发挥教育信息化在教育评价改革和发展中的支撑与引领作用。也就是说，我们不能将"鼓励各地探索利用现代信息技术推进综合素质评价工作"仅仅理解为技术性的要求。信息技术对学生综合素质评价体系的构建与实践具有不可替代的重要作用。一是能大大减轻师生工作量，可提高工作的标准化程度，可自动整合各方面资料，切实提高对初中生综合素质评价工作的质量和效率。二是给学校存储与移动带来极大便利，大大节省建筑空间和专职人员。三是方便教育教学工作的检索，对评价过程实施进行跟踪，更快捷地了解分析学生的情况。四是可支持多用户同时评价，使教师评价、学生自评、学生互评同时进行，并及时汇总，形成完整信息；尤其是高中招生录取，可通过限制性授权使高中校直接对目标学生进行评估，当几所高中校同时对同一（群）目标学生进行评估时，更可谓优势凸显。五是有利于师生互动、生生互动，有利于培养学生自我管理、民主参与的水平，促进学生的全面而有个性的发展。六是保密性、安全性得到保障，有利评价结果的公正客观，这对高利害的中考非常重要。教育部颁发的《教育信息化十年发展规划（2011—2020年）》（教技〔2012〕5号）指出："上世纪九十年代以来，国家实施的一系列重大工程和政策措施，为我国教育信息化发展奠定了坚实基础。面向全国的教育信息基础设施体系初步形成，城市和经济发达地区各级各类学校已不同程度地建有校园网并以多种方式接入互联网，信息终端正逐步进入农村学校；数字教育资源不断丰富，信息化教学的应用不断拓展和深入；教育管理信息化初见成效；网络远程教育稳步发展，为构建终身学习体系发挥了重要作用。教育信息化对于促进教育公平、提高教育质量、创新教育模式的支撑和带动作用初步显现。"该规划还提出："充分依托公共通信资源，地面网络与卫星网络有机结合，超前部署覆盖城乡各级各类学校和教育机构的教育信息网络，实现校校通宽带，人人可接入。"可见，"利用现代信息技术推进综合素质评价工作"，条件初备，形势大好。尤其值得注意的是，该规划就我们的议题给出了发展要求："建立覆盖全体学生的电子档案系统，做好学生成长记录与综合素质评价，并根据需要为社会管理和公共服务提供支持。完善国家教育考试评价综合信息化平台，支持考试招生制度改革。"《教育信息化十年发展规划（2011—2020年）》是《国家中长期教育改革和发展规划纲要（2010—2020年）》的配套文件，上引的这段话，政府、社会、学校应该予以高度关注。

二、地方经验：以临沂市初中学生综合素质评价实施方案为例

下面例举《临沂市初中学生综合素质评价实施方案（试行）》（临教基字〔2010〕5号），这是一个非常完备也比较稳妥的典型的方案，基本可见目前全国综合素质评价实施之大概。

临沂市初中学生综合素质评价实施方案（试行）
（临教基字〔2010〕5号）

为全面实施素质教育，深入推进基础教育课程改革，指

导初中学校开展初中学生综合素质评价工作，根据《临沂市人民政府办公室转发市教育局等部门关于实行初中学生综合素质评价制度深化高中阶段学校招生制度改革的实施意见的通知》（临政办发〔2008〕9号）要求，制定本实施方案。

一、指导思想

以邓小平理论和"三个代表"重要思想为指导，深入贯彻落实科学发展观，有利于学校全面贯彻党的教育方针，全面实施素质教育，促进办学水平和教育质量整体提高；有利于推进基础教育课程改革实验，切实加强初、高中课程改革衔接，培养学生创新精神和实践能力，促进学生个性和潜能发展；有利于减轻中小学生过重的学业负担，构建科学、全面的学生综合评价体系，促进学生的全面和谐发展；有利于推进教育公平，促进义务教育均衡发展和高中阶段教育协调发展，更好地满足人民群众日益增长的对各类教育的需求，培养德智体美全面发展的社会主义建设者和接班人。

二、评价原则

（一）评价内容的全面性原则。从德智体美等方面综合评价学生的发展，培养学生高尚的道德品质和良好的公民素养、终身学习的愿望和能力以及健壮的体魄、良好的心理素质、健康的审美情趣，促进学生全面和谐发展。既要注重学生科学文化素质的评价，又要注重学生基础性发展目标的评价，纠正单纯以文化课考试成绩评价学生、选拔学生的错误做法。

（二）评价目标的发展性原则。以激励学生健康、主动、全面和谐和可持续发展为目标，表扬学生的进步，分析和理解学生的不足，提供诚恳的建议和帮助，关注每一个学生的发展现状及未来发展趋势，使学生明确自己发展的努力方向，促进学生发扬成绩，弥补不足，健康快乐地成长。

（三）评价方法的多样化原则。采取定量评价和定性评价有机结合的方法，评价结果采用等级评定、描述性评语、质性评语相互补充与相互结合的方式，充分体现不同评价方法的优越性和互补性。

（四）评价主体的多元化原则。改变单纯由教师评价学生的做法，采取自评与他评相结合的方式，强化学生在评价中的主体地位，加强学生的自评和学生间的互评，使评价成为学生、教师、管理者、家长共同参与的交互性活动，激发评价主体和客体各自在学生评价中的能动作用。充分发挥家长评价这一环节应有的功能，让家长广泛参与学校的评价改革。

（五）评价过程的动态化原则。学生评价的着眼点要瞄准学生自身的纵向发展，不仅关注结果，更关注学生成长发展的过程。终结性评价要与形成性评价有机结合，更加注重形成性评价。评价要贯穿于知识技能的学习、良好思想品德和心理素质的培育、创新精神和实践能力的培养、学生个性的发展和多种潜能的开发、体质健康等学生素质发展的全过程。

（六）评价结果的客观性原则。评价要做到客观、具体，实事求是。

三、评价目的

（一）使教师树立正确的教育质量观、发展观、评价观，转变教育教学行为和方式，运用科学的教育评价理论和方法对学生综合素质进行评价，引导和帮助学生发展。

（二）通过评价指标导向和评价信息反馈，引导学生实现自我认识、自我教育，明确发展方向，促进每个学生在原有基础上全面、和谐、可持续发展；同时，综合素质评价结果可作为初中学生毕业和高中阶段学校招生的重要依据。

（三）引导家长和社会逐步形成科学的观念，营造有利于学生发展的家庭和社会环境，为学生的发展提供支持和服务。

四、评价内容及实施

按照《教育部关于积极推进中小学评价与考试制度改革的通知》精神，建立以促进学生发展为目标的评价体系，将学生发展目标分为学科学习目标和基础性发展目标（亦称"基础素养"）。学科学习目标是指各学科课程标准列出的本学科学习目标和各个学段学生应该达到的目标；基础性发展目标是指学生在道德品质、公民素养、学习态度与能力、交流与合作能力、运动与健康、审美与表现六个纬度的表现。

（一）学科学习目标评价

实行学生日常学习评价和初中学生学业考试制度。

1. 学生日常学习评价。指对初中学生三年各学科学习成绩的阶段性和过程性评价，由学生的课堂表现、作业表现、小组学习、活动参与、出勤以及期末测试等内容组成。学生日常学习评价采用等级评价，分为 A（优秀）、B（良好）、C（合格）、D（不合格）4 个等级公布。学生日常学习评价每学期进行一次，每个初中学校每一学科 A 等级的学生数原则上控制在全校该年级学生总数的 25% 至 30% 范围内。学生的日常学习评价是学生毕业及升学的重要依据，义务教育阶段学生日常学习评价结果每一学科均须达到 C 及其以上等级；达不到要求的学生可以参加补考，补考工作由各初中学校负责统一组织，补考成绩达不到 C 等级的考生不得领取《义务教育证书》。

学生日常学习评价每个学期进行一次，各县区要制定具体的评价实施办法，由学校负责组织实施，县区不得组织统一的期末考试。

2. 初中学生学业考试。是初中学生学科学习目标评价的主要手段，是义务教育阶段的终结性考试，目的是全面、准确地反映初中学生在学科学习方面所达到的水平。初中学生学业考试由市教育局统一组织，每年制定《初中学生学业考试与高中招生工作实施方案》，确定考试的具体组织办法。

（1）科目设置及组织实施

文化课考试：文化课考试设置政治、语文、数学、物理、化学、英语、历史、地理、生物等9个考试科目，采用闭卷考试方式，由市教育局统一组织命题、考试、阅卷和发布成绩。

信息技术考试：信息技术考试采用上机考试方式，由市教育局统一命题，县区教育局具体组织实施。

体育与健康测试：体育与健康测试根据《〈国家学生体质健康标准〉实施办法》和《临沂市教育局关于印发临沂市〈国家学生体质健康标准〉实施方案（试行）》的通知（临教基字〔2009〕12号）要求组织实施。

理化生实验操作考试：理化生实验操作考试由市教育局统一组织命题，各县区教育局具体组织实施。

考查科目：音乐、美术、英语口语、综合实践活动、地方课程和校本课程等作为考查科目。考查科目的组织形式和考核方式，由县区教育局自行确定。

（2）成绩呈现

文化课和信息技术等考试科目成绩，按照 A（优秀）、B（良好）、C（合格）、D（不合格）四个等级和实际分数记录。成绩达到科目总分的90%（其中政治、语文达到85%）及其以上者，记录等级A；达到75%至89%记录等级B；达到60%至74%记录等级C；59%及其以下记录等级D。

体育与健康测试成绩，依据《国家学生体质健康标准》评价指标与分值测算得分，各评价指标的得分之和为最后得分，满分为100分。根据最后得分评定等级：90分及以上为A（优秀），75分至89分为B（良好），60分至74分为C（合格），59分及以下为D（不合格）。学生毕业时体质健康标准的成绩和等级，按毕业当年得分和其他学年平均得分各占50%之和进行评定。

考查科目成绩：按照A（优秀）、B（良好）、C（合格）、D（不合格）四个等级或实际分数呈现。

（3）命题、审题及阅卷

命题注意体现新课程理念，试题注意准确反映课程标准对学生的知识与技能、过程与方法、情感态度与价值观等方面的基本要求。根据学科课程标准，加强试题与社会实际和学生生活的联系，注重考查学生在具体情境中综合运用所掌握的知识分析和解决问题的能力。注意结合学科特点适当加强试题的探究性和开放性，考查学生的创新意识和实践能力，侧重于考查学生对高中阶段学习乃至终生学习所必备的基础知识和能力。杜绝设置偏题、怪题，题量适当，难度适中，确保试题的科学性、公平性。

建立和完善学业考试命题、审题和阅卷制度。明确命题、审题、阅卷的程序和要求，加强命题、审题和阅卷人员的队伍建设。成立以教研员和优秀教师为主的命题、审题小组，加强对命题、审题人员的管理和培训，命题、审题人员应充分了解新课程的改革目标并准确把握相关学科课程标准的要求。逐步建立与完善命题、审题的专家库，审题人员和命题人员必须分开。阅卷人员必须是在职的骨干教师，要确保阅卷工作的客观、公平和公正，特别要加强对主观题阅卷质量的管理，建立阅卷质量的过程监测制度。

（二）基础性发展目标评价

1. 内容及标准

基础性发展目标评价以《教育部关于积极推进中小学评价与考试制度改革的通知》中的基础性发展目标为基本依据，主要包括道德品质、公民素养、学习态度与能力、交流与合作能力、运动与健康、审美与表现等六个纬度，每个纬度又包括若干要素。各纬度及其要素内容详见《初中学生基础性发展目标评价标准及评价等级表》（附件1）。

2. 组织实施

基础性发展目标评价工作由学校组织实施，分为学期评价与毕业评价。学期评价一般安排在每学期期末进行，主要用于改进学校日常教育教学。毕业评价在初中毕业前进行，由各个学期的评定结果汇总合成，主要用于教育教学质量评估和高中段学校招生。各学校要把这两者有机结合起来，充分发挥日常评价的基础性作用。要采取恰当方式把日常评价结果纳入毕业评价中，避免日常评价流于形式、总结性评价缺少过程性评价支撑的现象。

（1）学期评价

① 学生自评和家长评价。学生自评和家长评价由班主任组织进行。事前，应当就学生评价的意义、方法和需要注意的问题向学生及家长作出说明，提出要求。

学生自评以学生自己的成长记录为主要依据，描述和分析自己在6个纬度的表现、表达自己的感悟，提出自己前进的方向，并为自己每一个纬度确定一个评定等级。

　　家长对学生进行评价之前，班主任可通过家长会、家访、信函、电话等方式向家长介绍评价的内容和要求，并介绍学生的表现情况。家长根据以上情况和对学生的日常了解，提出评价意见。

　　② 学生互评。学生互评在自评的基础上进行，由班主任通过班会等方式组织。学生按班级或分成若干小组，根据评定内容与标准，结合每个学生日常的表现和发展情况，对其6个纬度下的关键表现进行等级评定。学生互评后，要计算出全体学生对某一学生各纬度的平均得分（全体学生给分之和除以全体学生数），然后根据得分与等级之间的转换原则，转换成相应的等级。

　　③ 教师评价。以班级为单位成立以班主任为组长，各科教师参加的班级评价小组。班主任在学生自评、家长评价、学生互评的基础上，根据学生在6个纬度的日常表现，参考学生学业成绩和学习过程的表现、学生自评与互评结果及家长的评价意见，为学生写出评语草稿，分别从6个纬度为学生初定1个评定等级并就此集中或分别征求评价小组成员及有关单位的意见，修改评语，维持或变更评定等级。对于班级评价小组成员之间的分歧，要通过集体研究，慎重作出评价结论。对于原则性的重大分歧，应提交学校评价委员会研究决定。

　　④ 确定总评等级。根据学生自评、学生互评和教师评价的评定得分，按照最终得分＝学生自评分数乘20%＋学生互评分数乘20%＋教师评价分数乘60%的公式计算出每个纬度的最终得分，并根据得分与等级之间的转换原则，转换成相应的每一纬度的总评等级。

每一纬度最终得分和总评等级之间转换原则为：90分以上为A（优秀）；75分至89分为B（良好）；60分至74分为C（合格）；59分以下为D（不合格）。

等级评定为A等级的应当公示。各个纬度的A等级人数原则上不超过学校年级总人数的30%，上一年度初中学校素质教育工作评估先进的学校以及省、市级规范化学校，A等级人数所占比例不超过35%。一所学校各班A等级学生的比例原则上应均衡确定。

学生的6个纬度尤其是"道德品质、公民素养"评为D等级时要极其慎重，要有充分资料予以支持，并将学生的材料提交学校评价工作委员会进行审核批准。除非学生有严重违法乱纪或犯罪表现或国家有强制性规定，思想道德素养一般不评定为不合格。

⑤撰写评定报告及报审。班主任通过谈话、问卷调查等方式，就评语和评价等级向被评价学生征求意见。在完成逐一向学生征求意见的基础上，确定每个学生的总评等级，定稿评语，撰写本班学生本学期评价工作情况的报告，报学校评价委员会审核批准后，填写相关评定表格，存入学生档案，并将评价结果通知到学生和家长。

（2）毕业综合评价

①各纬度毕业评价等级由各学期每一纬度总评等级汇总生成。依据每一学生各学期每一纬度的总评等级分值，计算出每一纬度的平均分值（所有学期评价等级分值之和除以学期数），根据得分与等级之间的转换原则，转换成每一纬度的毕业评价等级。

②学生毕业前，学校需打印或填写《临沂市初中学生综合素质评价表》（附件2）或《临沂市初中学生综合素质评

价手册》（附件3），以适当方式进行公示，并将毕业综合评价结果通知学生本人及其家长。若学生及其家长对评价结果有异议，应以书面形式在公示期间向学校评价委员会提出申诉或复议，学校评价委员会应在收到申诉或复议之日起一周内给予答复。如学生及其家长对学校评价委员会的复议仍有异议，可以通过正常的途径和程序向上级教育行政部门反映。

3. 结果呈现

初中学生基础性发展目标评价结果包括两部分：综合性评语和评价等级。综合评价结果评出后，学校评价委员会应对综合评价结果的真实性和有效性进行审查确认。

（1）综合性评语。包括学生自我综合评语、班主任综合评语两类。其中，学生自我综合评语由学生本人填写，主要填写学生本人初中生活的经历与体会；班主任综合评语，由班主任根据学生各学期和初中阶段的总体表现，经过班级评价工作小组的集体评议，客观、公正、准确地对学生各学期和初中阶段的综合素质发展情况写出整体描述性评语，重点突出学生的发展、发展特点和发展潜能，既要充分反映学生的优点和进步，又不回避学生的缺点和问题，对学生优点、进步的描述，既要充分又不能夸大其词；对学生的缺点或不足，要在具体描述的基础上分析存在的原因，提出改正或改进的建议。评语要具体，反映学生特点，不能千人一面，要充分体现对学生的关爱和对其健康发展的期盼，体现激励性，反映其进步和发展状况。

（2）评价等级。是指每个基础性发展目标各个纬度的评价结果以等级方式呈现，分为A（优秀）、B（良好）、C（合格）、D（不合格）四个等级。对六个纬度的前2个纬度（道德品质、公民素养）进行合格、不合格的评定，后4个纬度（学习态度与能力、交流与合作能力、运动与健康、审美与表现）实行四等级评定，分别为优秀、良好、合格和不合格。评价标准详见《初中学生基础性发展目标评价标准及评价等级表》（附件1）

五、评价结果的运用

初中学生综合素质评价结果直接体现了学生多方面发展的状况，各县区要充分重视其意义和价值，要从以下几个方面来使用好基础性发展目标评价的结果。

（一）用于指导改进日常教育教学实践。各县区要切实发挥学生综合素质评价促进学生发展、提高教师专业素养、改进教学实践、提升学校教育管理水平等发展性功能。学校要重视整理、分析各阶段学生综合素质评价的信息，及时、恰当地向学生、教师和家长反馈，引导学生体验成功、正视不足、明确努力方向，指导教师反思教育教学行为，关注学生的学习兴趣、学习动机和自信心，更为全面、深刻地了解学生的优势和不足，及时根据学生的特点给予有针对性的指导，优化学生学习的过程与方法，进而有效地提高教学质量，更好地促进学生全面发展，让家长及时了解学生在学校的发展情况，家校联合共同指导学生健康成长。

（二）作为教育行政部门评估和监控学校教育教学质量的重要依据。各县区要定期收集、整理、发布区域内学校教育教学质量总体评价信息，要组织专家根据义务教育阶段课程的总目标对评价结果进行信息处理，诊断学生发展、教师教学和学校管理中的问题，提出有针对性的、有价值的改进建议。同时要做好学生基础性发展目标评价与教师、校长、学校评价的衔接工作，选取学生综合素质评价中的有关指标信息应用到这些评价中去，调动多方面开展基础性发展目标评价工作主动性，多渠道发挥基础性发展目标评价对全面实施素质教育、深入推进课程改革、促进基础教育均衡发展的导向作用。

（三）作为初中学生毕业和高中阶段学校招生的重要依据。初中学生达到毕业水平的具体标准由初中学校制定，原则上初中学生学业考试和基础性发展目标评价以及学生体质健康测试全部项目均达到 C（合格）等级的学生才能取得毕业资格。不合格者由初中学校组织补考，补考合格方能准予毕业。

学生综合素质评价结果用于高中阶段学校招生的办法，依照市教育局每年制定的《临沂市初中学生学业考试与高中招生工作实施方案》规定执行。

六、学生成长档案的建立与完善

（一）各县区教育局和普通初中要为每个学生建立成长档案。档案包括学生的学科学习目标评价等级、基础性发展目标评价等级、综合评语以及初中阶段发展的突出表现或标志性成果等内容。

（二）学生成长档案要以学生主要行为表现的实证材料为依据。各县区教育局要采取切实有效的措施督促学校积累、整理实证材料，指导农村学校、薄弱学校拓展实证材料的来源，引导学校提炼好实证材料。实证材料的提供务必遵循实事求是的原则，要根据实际情况确定实证材料的内容，主要收集以下几类实证材料：① 各类课程学习的阶段性或终结性考试或考查成绩；② 考勤、教师观察等日常记录的统计资料；③ 关键性作品、作业；④ 综合实践活动有关记录和证明；⑤ 经教育行政部门认可的表彰、获奖证明；⑥ 关键性评语（班主任、授课老师或其他重要人士）；⑦ 经教育行政部门或学校认可的特长鉴定、医学检查等证明；⑧ 自我描述；⑨ 其他相关重要材料。

（三）各初中学校在评价时应注意对实证资料的分析与概括，避免以偏概全。学校要特别重视建立并逐步完善学生成长记录档案，准确记录学生成长过程，充分发挥过程性评价对学生成长的激励作用。各学校在日常教育教学中要合理划分各部门、班主任、任课教师、班干部、学生、家长等在收集整理学生基础性发展目标评价实证材料方面的职责，将该项工作常规化。

（四）要严格规定学生发展标志性成果的种类，对可能加重学生负担和大量占用学生校外活动时间的项目，不作为标志性成果和认定特长生的依据，不与升学挂钩。信息技术作为学业考试科目后，其他任何单位组织的计算机应用能力考试不作为标志性成果，不与升学挂钩。

（五）学生评价结果经评价委员会批准后记入学生成长档案。学生成长档案包括电子档案和纸质档案。电子档案使用"山东省中小学学生信息管理系统"作为管理平台，相关数据按要求录入管理系统的"综合素质评价"模块，并按要求逐级上报县区教育局、市教育局、省教育厅备案。纸质档案可参照管理系统中《临沂市初中学生综合素质评价手册》的格式印制和填写或使用管理系统打印，其主要内容包括以下几部分：① 基础信息；② 身体素质发展状况；③ 学科学习目标评价和基础性发展目标评价；④ 班主任评语；⑤ 综合实践活动项目评价；⑥ 突出表现或标志性成果；⑦ 综合评价；⑧ 附录。

七、组织领导与制度保障

（一）组织领导

1. 各级教育行政部门成立评价工作委员会，由教育主管部门负责人、初中校长、教师、家长和其他社会人士组成。主要职责：① 制定评价方案、实施细则和审核评价的规章制度；② 组织对学校负责人和教师的培训，开展相关宣传工作；③ 对下级评价工作进行检查，监督评价程序；④ 组织专家对下级评价结果进行统计分析，形成反馈意见，以指导学校改进教育教学；⑤ 接受社会各方面的质询、质疑与监督，并制定具体投诉方式与处理办法。

2. 各学校成立评价工作委员会，由校长、学校有关中层负责人、教师代表、家长代表、学生代表和其他社会人士组成。主要职责：① 确定学校具体评价方案，制定具体的评价程序；② 对教师、学生及其家长进行培训，开展相关宣传、解释工作；③ 指导班级成立评价小组，组织并监督本校评价工作，处理评价过程中出现的问题，对评价结果进行认定；④ 组织教师对全校的评价结果进行统计分析，形成反馈意见，指导改进教育教学；⑤ 接受社会各方面监督，对评价中出现的分歧予以仲裁。

3. 学校成立评价监察小组，建议由学校党组织负责人（校长兼任书记的学校由校党支部推荐人选）、教师代表、家长代表、学生代表和其他社会人士组成。主要负责监控学校评价工作的组织、实施情况。学校要组织独立测评小组抽样检测各班的评价结果，接受本校有关投诉，进行调查处理，如不能处理，应上报县区评价监察组织处理。

4. 各县区、学校要加强对日常评价的组织领导，根据实际需要做出安排，各学校可根据评价的要求对现行教育教学管理组织进行适当调整，落实相关人员的职责，确保评价组织领导工作常规化。

（二）制度保障

1. 公示制度。初中学生评价的内容、方法、程序等，要提前向社会公示，征求意见，接受社会监督。要加大宣传力度，争取社会各界的理解与广泛支持。

2. 诚信制度。各级教育行政部门、学校要为参与工作的有关人员、学生本人等建立信用记录。如果在评价过程中出现弄虚作假行为，应在当事人的信用记录中予以记载，并通报批评。学生的信用记录作为高中招生录取的重要参考。信用记录不佳的教师不能作为评价小组成员。

3. 培训制度。要通过各种措施，对参与评价的工作人员进行培训，提高其职业道德水平和工作能力，以确保评价结果的可信、有效和公平。

4. 监督制度。纪检监察、教育督导、教育行政等部门应对评价工作进行监督，实行领导责任制。同时应有相应措施，实行社会监督，学生、家长、教师和其他社会人士如发现学校有不公正的行为，可以向上级评价委员会提出投诉，评价委员会应给予答复。

5. 申诉制度。学生、家长、教师和其他社会人士若对评价结果有异议的，可直接向学校提出申诉，学校评价工作委员会必须认真对待他们的申诉，在认真调查的基础上，实事求是地作出恰当处理，并及时向申诉人反馈。学生、家长、教师和其他社会人士若对学校的复议不服的，可向上级教育行政部门评价委员会提出申诉，上级评价委员会应做出进一步的处理，并及时向申诉人反馈。

6. 评估制度。各级教育行政部门要及时总结评价工作的经验、教训，采取有效措施对评价质量进行监控和评估，对相关工作及时进行评价，对有关部门和人员及时进行考核。

7. 责任追究制度。教育行政部门要全程监控评价工作的进程，充分了解有关情况，实行责任追究制度，对出现的问题要及时处理，对弄虚作假、徇私舞弊等因工作失职而造成重大影响的违纪行为进行严肃处理。

八、几项要求

（一）经费保障

各县区应当按照当地物价水平合理测算评价成本，将实施综合素质评价所需费用全额纳入本级财政预算，不得向学生收取任何费用，确保初中学生综合素质评价的顺利实施。各学校要本着够用、实用、耐用的原则，为此项工作提供必要的经费和办公设备保障。

（二）评价结果的上报

各初中学校都要按本方案要求组织实施综合素质评价工作，并将评价结果依托"山东省中小学学生信息管理系统"的综合素质评价模块形成电子档案。于每学年第二个学期开学初一个月内（毕业年级为最后一个学期末），连同学校该学期的学籍变更数据，同时逐级上报县区教育局、市教育局、省教育厅备案。

（三）制定小学生综合素质评价方案

各县区教育局要参照初中学生综合素质评价方案，制定小学生综合素质评价方案，并认真组织实施。

附件1：初中学生基础性发展目标评价标准及等级表

附件2：临沂市初中学生综合素质评价表

附件3：临沂市初中学生综合素质评价手册（略）

附件1 初中学生基础性发展目标评价标准及等级表

学校_____ 年级_____ 班级_____ 姓名_____ 学籍号_____

第_____学年第_____学期

纬度	要素	关键表现	自评等级	互评等级	师评等级	总评等级
道德品质	思想品质	爱祖国、爱人民、爱劳动、爱科学、爱社会主义；尊敬国旗、国徽、会唱国歌；关心集体、尊长爱幼、友爱互助、诚实守信。				
	法纪观念	遵守国家法律，遵守公共秩序，遵守学校规章制度和中学生日常行为规范，不吸烟、不喝酒，拒绝毒品。				
公民素养	责任意识	对个人行为负责，具有社会责任感，积极参加社会公益活动。不进营业性网吧和歌舞厅。				
	自我意识	自尊、自强、自律、自信、勤奋，严格要求自己，追求进步，正确对待困难和挫折，知错即改。				
学习态度与能力	学习态度	有学习的愿望和兴趣，积极参与各种学习活动，养成主动学习的习惯，认真完成作业，考试不违纪、作弊。				
	学习表现	上课专心、勤于思考，学习方式适合自己，能运用所学的知识、技能分析并解决问题。				

纬度	要素	关键表现	自评等级	互评等级	师评等级	总评等级
交流与合作能力	参与意识	积极参与课内外各种合作形式的活动；具有团队精神，乐于参加集体活动。				
	合作能力	尊重并理解他人的观点与处境，能与他人一起确立目标并努力去实现，能评价和约束自己的行为。				
运动与健康	身心健康	有良好的身体素质和健康的心理素质，热爱体育运动，形成健康的生活方式，讲究卫生，没有不良嗜好。				
	运动能力	积极参加体育课、课间操、课外活动，养成体育锻炼的习惯，具备一定的运动技能。				
审美与表现	审美观念	具有健康的审美情趣，能感受并欣赏生活、自然、艺术和科学中的美，能选择一种艺术表现形式，创造性地表达自己的情感和思想。				
	表现能力	善于在生活中发现美，并主动与他人交流自己的感受，积极参与音乐和美术课学习以及各种艺术活动，具有一定的艺术技能。				

附件 2 临沂市初中学生综合素质评价表

<table>
<tr><td rowspan="3">基础信息</td><td>学生姓名</td><td></td><td>性别</td><td></td><td colspan="2">身份证号</td><td colspan="4"></td></tr>
<tr><td>学籍号</td><td colspan="3"></td><td colspan="2">毕业学校</td><td colspan="4"></td></tr>
<tr><td>联系地址</td><td colspan="3"></td><td colspan="2">联系电话</td><td colspan="4"></td></tr>
<tr><td rowspan="2">基础素养总评等级</td><td>道德品质</td><td>公民素养</td><td colspan="2">学习态度与能力</td><td colspan="2">交流合作能力</td><td colspan="2">运动与健康</td><td>审美与表现</td></tr>
<tr><td></td><td></td><td colspan="2"></td><td colspan="2"></td><td colspan="2"></td><td></td></tr>
<tr><td rowspan="7">综合实践活动项目评价等级</td><td>项目</td><td>等级</td><td colspan="8">课题（或项目）名称</td></tr>
<tr><td rowspan="3">研究性学习</td><td></td><td colspan="8"></td></tr>
<tr><td></td><td colspan="8"></td></tr>
<tr><td></td><td colspan="8"></td></tr>
<tr><td rowspan="2">社会实践</td><td></td><td colspan="8"></td></tr>
<tr><td></td><td colspan="8"></td></tr>
<tr><td>社区服务</td><td></td><td colspan="8"></td></tr>
<tr><td rowspan="3">学业考试</td><td>科目</td><td>政治</td><td>语文</td><td>数学</td><td>物理</td><td>化学</td><td>外语</td><td>历史</td><td>地理</td><td>生物</td><td>信息技术</td></tr>
<tr><td>成绩</td><td></td><td></td><td></td><td></td><td></td><td></td><td></td><td></td><td></td><td></td></tr>
<tr><td>等级</td><td></td><td></td><td></td><td></td><td></td><td></td><td></td><td></td><td></td><td></td></tr>
</table>

基础信息	学生姓名		性别		身份证号	
	学籍号				毕业学校	
	联系地址				联系电话	
在校期间突出表现或标志性成果						
班主任综合评语						

以上内容是否属实：是（　　　）否（　　　）

班主任签字：　　　　　　　　学校公章

临沂方案的特点是，要素和结构基本上依据教育部关于中考改革的一系列文件，尤其是 2004 年之后的有关文件。这也代表了全国各地综合素质评价实施方案的基本面，是一组代表性很强的地方中考改革政策和实施方案的样本。

临沂方案的一个显著优点是，在"关键表现"中，没有负面的表现和惩戒性判定，并且申明："学生的 6 个纬度尤其是'道德品质、公民素养'评为 D 等级时要极其慎重，要有充分资料予以支持，并将学生的材料提交学校评价工作委员会进行审核批准。

除非学生有严重违法乱纪或犯罪表现或国家有强制性规定，思想道德素养一般不评定为不合格。"这与教育部"教基厅〔2004〕2号"等文件反复要求的"对学生某一方面表现评为'不合格'时应非常慎重"的精神是一致的。临沂方案的这一政策积极稳扎，代表着基本面的好的方面和方向。我们也看到有些地区方案中类似的表述："经常顶撞、威胁、辱骂师长的言行，不听从师长的教育；经常欺侮同学，给同学起侮辱性绰号。""自傲、自负、固执、不接受他人正确意见；在困难和挫折面前丧失信心，自暴自弃。"我们认为，这在综合素质评价中是应该力求避免的。不是说，教育绝对不能有惩戒性，但是，负面的表现毕竟是少数，没有必要将惩戒的棍子在绝大多数学生眼前晃一下，这会给学生或者部分学生带来压迫感，可能不利于学生身心的健康发展。在中考这样的高利害情境下，惩戒性的判定基本上不具有发展性，不符合"以人为本""育人为本"的原则。同时，一一条列出负面表现和惩戒性判定，对学校管理、教师教学的理念、态度和方式，可能也会产生不太好的暗示甚至指导作用。

临沂方案，将学生日常学习评价、初中学生学业考试一并放到了综合素质评价中，并将成绩转换为等级合并入"初中学生综合素质评价表"，这一处理方式，就全国各地情况看比较普遍。无论在学术层面还是政策与实践层面，这都是必须关注的重要议题，各地这样处理的理由在本章第一节中已经做了简单的质疑和分析。再进一步说，可能的原因之一是将政策文本中的"学习能力"混同于"学业成就"或"学业水平"了，这其实是存在较大差异的不同的概念。可能的原因之二是"算总分""算总账"，便于招生录取工作的进行；但是，这样处理，价值不大，真正的综合素质评价那一块，区分度不大，实际用于招生录取工作解释和使用的还是升学考试成绩那一块；另外，升学考试是大规模标准化考试，如果将综合素质评价合并其中，就招生录取工作对结果的解释和使用来说，实际上就赋予了综合素质评价的大规模标准化考试的实质和功能，而这既不符合综合素质评价本身的特质和属性，也不符合政策对综合素质评价原本的期待。

关于评价结果的运用，《临沂市初中学生学业考试与高中招生工作实施方案》（临教基字〔2010〕6 号）指出："报考普通高中学校，原则上综合素质评价全部项目需达到 C（合格）等级及其以上，否则不准报考。"也就是，基本上是将综合素质评价看成是普通高中招生录取的入闸条件。这也是全国在普通高中招生录取工作中使用综合素质评价结果的基本做法。我们说综合素质评价与普通高中招生录取之间普遍存在着"假挂钩""软挂钩"现象，"软挂钩"主要表现在据此差不多人人都可以入闸，它的实际功能也便自然地比较软弱了。但是，实事求是说，我们目前一下子还没有系统性的可行可信的解决之道。原因是：其一，虽然有统一的实施方案，但综合素质评价的主体主要是各个学校，学校作为利益相关者，无论从学校利益计还是从学生利益计，都没有严了自己宽了别人的道理。其二，综合素质评价是以学校为单位实施的，依据的是每个学校自己的常模，彼此没有直接可比性，高中校无从在一个更大范围内比较鉴别。其三，综合素质的内容，只有一级指标和用以具体分解或解释一级指标的二级指标，没有与之对应的评价工具（活动、任务），这就使质性评价虚化为印象分。公平、公正确乎很难保证，以至于"软挂钩"真的倒成了非这样不可的策略了。其三，对综合素质的描述，过于笼统，不见体系，也不见标准，与"全面""准确"尚有较大距离。对综合素质标准体系的构建，尚少人问津，这几年多方的努力与尝试，主要还是集中在学业水平的监测与评估上。国家层面这几年一直在关心于此，《教育部基础教育二司 2012 年工作要点》："推进评价制度改革。启动中小学教育质量综合评价改革试点，探索建立包括品德素养、学业水平、身心健康、学习兴趣、学业负担等因素构成的中小学教育质量绿色评价指标体系，扭转长期以来单一以学生学业成绩衡量学生发展、以升学率评价教育质量的现状，引导政府、社会和学校树立科学的教育质量观和正确的政绩观。"这是值得期待的一项重要也是重大的工作。

对于综合素质评价，从改进性策略看，我们期待这几方面的变化。

其一，期待高考改革为中考改革提供必要的条件和环境。我们这里引入"生态位"的概念。生态位（ecological niche），又称小生境或生态龛位，是指一个种群在生态系统中可持续生存的最小环境。中考以及中考改革，当然不只是中考以及中考改革自己的事，而是教育系统乃至于社会系统以及政治经济系统的组成部分。但就中考以及中考改革的生态位来说，可持续生存的最小环境，主要是它在以高考改革为矛盾主要方面的小生境中所占据的位置以及它与相关要素之间的功能关系与作用。认定高考改革为中考改革的可持续生存的最小环境中的矛盾的主要方面，是价值判断也是事实判断。有一句大家熟悉的话："不要让孩子输在起跑线上。"输赢的终点就是高考。至于起跑线，高考的压力已经由中考提前到学前教育。学前教育"小学化"倾向，足可见应试教育语境中高考实际的地位、功能和作用。中考改革，始于1998年4月10日教育部下发的《关于中考语文考试改革试点工作的指导意见》。这次中考语文考试改革试点之后，教育部召开了试点工作总结会议。《全国中考语文考试改革试点工作总结综述》关于"语文中考改革引发的问题和思考"中第一点就是："如何正视高考对中考的影响。中考和高考是两种性质不同、功能不同、目的不同的考试，但在一些地方，语文中考命题低水平的模仿高考语文命题，没有考虑义务教育的性质和语文学科的特点，强化并放大了高考语文命题中存在的缺陷，胡乱编造选择题就是突出的表现。"事实也是这样，在"应试教育"语境中，中考不得不附庸于高考，成为由高考统率下的"应试教育"体系中的重要一环。所以说，高考改革不到位，就可能使积极参与中考改革者陷入空作他年想、枉吃眼前亏的尴尬境地，中考改革中的综合素质评价要形成整体性、系统性的突破，几乎是不可能的。令人欣慰的是，《教育规划纲要》专章对考试招生制度改革制定了规划，其中对完善中等学校考试招生制度提出了原则和要求。《国家教育事业发展第十二个五年规划》在第十一条"改革考试招生制度"中更加具体指出："推进高等学校考试招生制度改革。成立国家教育考试指导委员会，对考试招生制度改革进行整体设计和评估论证，指导考试改革试点。开展高等学校分类入学考试改革，实行择优录取、自主录取、推荐录取、定向录取、破格录取等多种方式。有条件地区可对部分科目开展一年多次考试和社会化考试的试点。加强专业考试机构能力建设。推进国家考试题库建设。将高中学业水平考试和综合素质评价有机纳入高等学校招生选拔工作。支持各地推进高等职业院校招生改革。"《教育部基础教育二司2012年工作要点》已将"研究高考改革重大问题，制定发布改革方案，指导各地根据实际探索本地区高考改革"列为重要任务。我们有理由期待高考改革对切实扭转"应试教育"倾向、全面实施素质教育真正发挥撬动之效、破竹之功。

其二，是顺着其一说的，就是加大普通高中自主招生的力度，同时加大综合素质评价在普通高中自主招生中的权重，使综合素质评价在普通高中自主招生中不只是"入闸"，而是关键因素。这一方面要有制度保障，制度在其中不只是规范，而更应该是推动和促进普通高中自主招生工作的不断探索、不断发展。另一方面期待普通高中多样化发展、特色化建设发展到一个较高的水平，使单向的选拔逐步转为双向的选择。《教育规划纲要》要求："推动普通高中多样化发展。促进办学体制多样化，扩大优质资源。推进培养模式多样化，满足不同潜质学生的发展需要。探索发现和培养创新人才的途径。鼓励普通高中办出特色。"当前国内普通高中普遍存在"千校一面"、缺少办学特色的突出问题。"千校一面"带来的直接结果就是"万人一面"，不符合面向全体学生、促进学生全面发展的"以人为本"的教育方针，也不能适应社会对多样化人才特别是拔尖创新人才的需要。以生态位的观点看，普通高中"千校一面""万人一面"的现象，主要是受制于高考的统一，同时更是单一的考试及招生录取的标准和方式。我们相信，普通高中多样化发展、特色化建设，必然能够推进人才培养模式多样化，满足不同潜质学生的发展需要；到这个时候，综合素质评价的价值、地位、功能，也就凸显出来了，从而一方面满足普通高中多样化发展、特色化建设的需求，一方面有力推进普通高中多样化发展、特色化建设。

其三，职业教育大力发展达到一定的水平，也能够直接推动中考改革，直接促进综合素质评价形成突破、健康发展。职业教育，尤其是中职中专，与中考有着直接的关系，是中考生态位的极为重要的关联性要素。中职中专，是学生完成义务教育阶段学习之后重要的分流方向。政策要求，普通高中与中职中专的在校学生数应达到大致相当的比例，似乎可见中职中专与中考存在着休戚与共的正相关关系。而事实上，只见其"戚"未见其"休"，所谓的"中考失利的出路：可选职业高中，中专技校"①，构成的

①　http：//edu. online. sh. cn/education/gb/content/2010-06/30/content_ 3582406. htm

是负相关关系。至于说中考的综合素质评价，到了中职中专，全国普遍的现象是连"入闸"的"软挂钩"都不必了，直接就是不挂钩了。中职中专，在社会的普遍看待中，主要还不是重要的教育类型，更像是基础教育体系中高中教育的一个层次——相对于普通高中来说，中职中专属于次一级层次。如果职业教育取得全面的高质量的发展，真正成为与普通高中地位比肩的重要的教育类型，进而能够与普通高中一道参与构建与中考学生之间的选拔—选择的双向关系，那么，综合素质评价的天地将会更加广阔——须知，职业教育因其自身优势，人才培养模式更加丰富，不宜依赖常模而更加适宜彰显特长个性的综合素质评价，将发挥更加独特的优势和价值。

其四，必须将综合素质评价有效纳入到表现性评价体系，使综合素质评价真正成为科学、规范的教育评价。基于实际需求，首先要尽快建立评价指标体系，并且这个指标体系如《教育部基础教育二司 2012 年工作要点》所说的，应该是"绿色"的。"绿色"，就是在保证基础性的前提下，应该体现出多元性和发展性，从而体现出素质教育的精神和要求。也就是说，在保证基础性的前提下，突破常模的限制，给学生的个性特长与想象力、创造力提供发挥和展示的制度空间和专业空间，形成"可比"与"不可比"、"全面"与"个性"的良好的结合。如果因为指标体系，而带来了又一场基于常模的大规模标准化测评，那就背离了综合素质评价的宗旨，甚至走向了它的反面，那也就不是表现性评价了，而只是对以纸笔测试为主要手段的学业水平测试的一种"写意"式的复述了。

三、综合素质评价属于表现性评价

2002 年 12 月，教育部颁发的《关于积极推进中小学评价与考试制度改革的通知》指出："中小学评价与考试制度改革的根本目的是为了更好地提高学生的综合素质和教师的教学水平，为学校实施素质教育提供保障。充分发挥评价的促进发展的功能，使评价的过程成为促进教学发展与提高的过程。"并把学生的"综合素质"目标概括为"基础性发展目标"和"学科学习目标"两个方面。其中，"基础性发展目标"包括六个方面：道德品质、公民素养、学习能力、交流与合作能力、运动与健康、审美与表现。我们这里讨论的综合素质评价，主要指"基础性发展目标"。一方面，我们觉得将"基础性发展目标"和"学科学习目标"放在一起说，势必搅扰不清，因为两类目标的属性、功能和价值以及施之于评价的机制、规程等都很不一样。这在上文已经讨论过了。一方面，按之于中考，"学科学习目标"的评价主要由各学科毕业和升学考试承担，而"基础性发展目标"的评价则是另一种截然不同的做法，两种评价事实上已经各行其是、各负其责，所以应该分别予以表述。

表现性评价（performance assessment），还有两个类似的名称。一个是真实性评价（authentic assessment），还有一个是替代性评价（alternative assessment）。表现性评价、真实性评价、替代性评价，这三个称谓，从其不同的角度给予这一概念很好的描述。表现性评价，主要侧重于由 A 到 A′ 的效度描述，着重在 A，即学生的综合素质（A）的内容、结构、特征、功能和程度的构想逻辑上在前，评价工具（A′）及其实施的标准、方法、机制等逻辑上在后。真实性评价，主要侧重于由 A′ 到 A 的效度表述，着重在 A′，即在真实情境下（A′）真实地考察出学生的综合素质（A）的内容、结构、特征、功能和程度。替代性评价，主要侧重于从 A 到 B 的效度描述，就是好的综合素质评价（A）应该可以取代如纸笔测试等其他教育评价手段（B）。人们一般使用"表现性评价"术语，是因为这一概念描述的是具有根本性的由 A 到 A′的学术理路和工作理路，其他两个术语的描述相比较而言都具有一定的从属性。当然，我们现在选择其中的任何一个术语，都涵盖其他两个术语可能偏于强调的那一方面内涵。

"综合素质评价是一种'表现性评价'。"① 综合素质评价属于表现性评价，这一归类非常必要，首先促使我们将综合素质评价并入到严格的教育评价的某一类别之中，其次也使我们可以用表现性评价的属性来认定综合素质评价。综合素质评价归入表现性评价应该是没有什么疑义的。综合素质评价，是全面实施素质教育语境的特定的概念，也是就现实来说非常必要，就教育评价来说非常科学的概念。但在现实运用中，综合素质评价总体上显得过于简略，往往是在"道德品质""公民素养""学习能力""交流合作与实践创新""运动与健康""审美与表现能力"等六个维度下分别列出若干项目作为量表，对每一个具体项目给出 A（优秀）、B（良好）、C（一般）、D（较差）的等级。说白了，给出的也只能是"印象分"。六个维度之外，有些学校和地区还可以根据自己的理解和要求再列出其他维度；或者以六个维度的内容为主，综合其他内容，整体设计，建立自己的新的综合素质内容结构。等级方面，也有些先按照百分制给出分值再折算成等级。总的看来比较粗放，综合素质评价的功能和价值没有能够很好地发

---

① 李雁冰，论综合素质评价的本质［J］，教育发展研究，2011，（24）.

挥出来。我们认为，问题主要出在没有将综合素质评价纳入到表现性评价的范畴，致使综合素质评价与科学的教育评价有较大的偏差，难以取信于学生和教师，也难以取信于将评定等级施之于甄别筛选的高中招生录取的主体。甚至可以说，现实中综合素质评价与招生录取工作的"软挂钩"，倒也是与其相匹配的策略，因为综合素质评价确乎缺乏属于自己的"硬度"，在这样的情形下，"软挂钩"事实上降低了政策实行的难度和风险，当然综合素质评价应有的功能和价值也大大缺损和贬损。

关于表现性评价的介绍和讨论已经很多，这里不再赘言。我们这里，将中考综合素质评价归置于表现性评价，意欲强调三点。一是综合素质评价的功能和作用；二是综合素质评价的方法；三是综合素质评价与学业成就测试的关系。下面分别简述之。

第一，综合素质评价的功能和作用。基于中考改革的要求，建议综合素质评价发挥"两张筛子"的功能和作用。第一张筛子，指向群体，看的是筛子筛下的部分，更倾向"基础性发展目标"的"基础性"，依据相对统一性的指标，以基本过关为要求，从而成为中考录取"入闸"的初始门槛之一。现行综合素质评价的功能和作用，基本上属于这张筛子，我们也可以说基本上局限于这张筛子。这张筛子，因为要经过筛子网眼的过滤，倾向于标准性，适合大规模，强调效度的同时也强调信度。要尽可能确保效度和信度，编织网眼的指标体系的内容和结构就显得尤为重要。应该说，现行各地"基础性发展目标"的维度及其指标基本上能够满足这一要求。但为什么还是不能那么取信于人呢？原因是：其一是缺乏过程性呈现。过程性呈现需要成长记录的描述，而成长记录的描述需要兼及日常表现和关键事件表现，只有这样，给出的等级才是表现性评价，而不只是笼而统之的"印象分"。其二是普遍受到学业成绩"晕轮效应"的影响。由于学业成绩在中考实际中事实上处在主体地位、发挥主导作用，综合素质评价等级的评定，总是受到该生学业成绩的影响，也就是说给出的"印象分"的"印象"往往根源于学业成绩。其三是人们习惯用学业成绩评价方式来要求综合素质评价。事实上，学业成绩评价与综合素质评价内容、目标、标准以及功能和作用有很大的区别，但在长期应试教育影响下，人们往往只看重学业成绩的分数，只相信学业成绩的分数。而这恰恰反向说明综合素质评价在中考改革中重要而特殊的作用。其四是少了第二张筛子。少了第二张筛子，大大削弱了综合素质评价的功能和作用，甚至给人们综合素质评价可有可无的感觉。第二张筛子，指向个体，看的是筛子里留下的部分，更倾向"基础性发展目标"的"发展"，注重个性，因为在标准之外，当然也无所谓常模，所以只关注效度不关注信度。筛子里留下的，不是"比"出来的，而是"逸"出来的——"比"，总是得有标准可依，而"逸"，透出的则是别致新颖、意料之外的意味，让人想到"逸品""逸趣""逸兴""逸闻"这类词；"比"对选择者来说，主要是从旁观看你们比试，而"逸"对选择者来说，既是主动探寻，又是不期而遇，是捕获、遭遇和对话。每位学生都是"这一个"，人类的"不确定性"赋予了他不可复制的独特性，他的志趣相对其他人都可能是"逸趣"，他的兴致相对其他人都可能是"逸兴"，他的所作所为相对其他人都可能是"逸闻"（成长记录袋法，强调轶事亦即逸闻的记载，正是期待于此）。但是在应试教育的钳制下，标准化成为教育的体制性特征，其主要功能就是严格按照统一标准批量生产"标准件"，人本来应该自有"逸品"，往往要么难得的有幸者成为"珍品"，要么更多是不幸者成为"异类"；标准化考试与应试教育，驱赶学生乖乖就范，成为标准化的模子塑造出来的"标准件"，不符合"标准件"要求的自然就是"次品"甚至"废品"了。在"优异"一词中，我们往往只关注"优"而不关注"异"，而没有"异"的同质化了的"优"，是没有灵性的，譬如没有花便结不了果一样，一旦进入现实生活和社会实践就不灵光了。但是，对我们来说，现在可供第二张筛子来评定的学生在真实情境下的问题解决、任务完成、能力倾向、特长展示、才华表现等等综合素质的事例和成果太少了。表面看，是没有给第二张筛子提供很多机会，更深层次看，是我们现行的教育没有给这样的事例和成果提供更多的机会。我们也注意到，有些地方注意到这样的事例和成果的收集，有些还做了电子档案，并且也对招生录取主体开放，但老实说，真正为招生录取主体所援引品鉴的并不多。这其中，原因应该是多方面的。但是，总的状况是：其一，现在的教育及其评价，应试教育是"语法"，综合素质评价之类还主要是"修辞"，仍然处在尴尬的地步；当然我们期待也相信，随着改革的整体推进，综合素质评价的地位和作用将会越来越凸显出来的，成为我们教育的"语法"，成为我们教育改革和发展的主导性话语。其二，对于真实情景下表现学生素质的事例和成果，我们还没有找到第二张筛子，或者说，还没有掌握第二张筛子的筛法。这就致使即便有了真实情景下表现学生素质的事例和成果，也难以派上用场。第二张筛子和筛法，我们称之为质性评价。这就是下一节要进行讨论的。

第二，综合素质的评价方法。这里，我们主要讲第二张筛子。我们认为第二张筛子是综合素质评价的主调，这个问题解决了，将对第一张筛子筛法的改进和完善具有重要价值。综合素质评价，追求的是一种去信度的效度，它强调在"这一个"和"这一次"中把握效度；我们对这样的效度，不能说没有预设——在本次招生录取中，我们代表学校想招什么样的人，这应该还是要心中大致有谱的——但是，生成性可能更是其显要的特征，在两相遭遇的情境中彼此形成某种对话，才是综合素质评价迷人与更富价值的地方。我们可以将综合性评价的方法，界定为质性评价。质性评价，是具有方法论意义和价值的方法，理论上来说，它指向学生表现的最深层、最真实的特质，应该是最具效度的。质性评价的难度在于相对定量评价来说，缺乏信度的保障。我们认为，基于综合素质评价这似乎不成其为问题。信度，以同一律为支撑，而综合素质评价更倾向多样性；在综合素质评价这里，强调信度往往会付出牺牲效度的代价，"对谁都一样"的信度不能构成综合素质评价的支撑性条件。对质性评价的介绍和论述，已经很多。总体看，质性评价是国外基础教育评价的趋势，代表着某种范式的转换：评价功能，由甄别转向发展；评价手段，在定性与定量结合的同时更加注重定性对定量的引导和整合；评价内容，基于问题的情境性和学生表现的真实性，注重综合评价和关注个体差异并且视个体差异为综合素质的重要构成；评价目标，从看过去转向看未来，注重终结性评价与形成性评价相结合并更加注重后者；评价主体，主体及其立场与利益多样化、多元化，平等与民主、冲突与妥协成为质性评价的一般机制和文化基础。具体到中考改革的综合素质评价，首先，评价是指向个性的，评价方法需要有"多种量器"。美国著名教育评价专家艾斯纳（Elliot W. Eisner）指出："在评定的新方式中，学生将不仅有机会对所学的东西构建他们自己的反应方式，他们也将有机会选择公布他们所学知识的方式。"① 因此，单一的量器要么显得无法招架，要么削峰填谷一概而论，公平地将不公平引之于每一位"这一个"的学生，在赢得信度的同时丢失了效度。所谓"多种量器"，就是面对学生的作品、成果以及其他成长记录，或者直接与学生的交流对话中，

---

① ［美］埃利奥特·W. 艾斯纳，教育想象———学校课程设计与评价［M］，李雁冰译，教育科学出版社，2008：216.

遇长度显优者则用尺子，遇重量显优者则用磅秤，遇温度显优者则用温度计……桃红柳绿各得其宜，鸟飞鱼跃各得其所。其次，评价是指向发展的，评价者应该有发现"潜力股"的法眼。这里不妨引入"构想效度（construt validity）"这一概念。构想效度，一般比较倾向于对心理测验效度的确认。"所谓构想，是指心理学理论所涉及的抽象而属假设性的概念、特质或变量，如智力、能力倾向、行为习惯、成就动机、人格结构等。"① 这一概念，用之于学生学科能力表现或学业成就的测评，学者们给予的定义不尽相同。依据有些定义，评价工具和任务的设计者难以实操，教师也难以理解和把握。我们在这儿引入这一概念，是建议，我们考查学生综合素质的发展性，要善于在评价学生的作品、成果和其他成长记录时，从具体内容抽象出"智力、能力倾向、行为习惯、成就动机、人格结构等"这样的形式化的东西，基于未来发展，研判这些形式化之结构稳定与否，研判这些形式化之势能或者说建构力强劲与否，研判这些形式化之指向健康与否和新异与否。如果说指向个性的评价是要寻找各式各样的味道鲜美的果实，指向发展的评价则是要寻找各式各样的具有生长力的优良的种子。再次，我们愿意将综合素质评价视为一场教育评价的美的历程，在这里，评价指向评价者之间的心智和心性的交集；如果说前面是果实和种子的话，这里毋宁是开出的令人赏心悦目的形态各异的花朵。在这里，因为没有明确标准指标的规限，学生相对比较自由地展示着自己，评价者则可以带着偏好甚至偏见，去期待和遭遇——这样的偏好甚至偏见，可以是出于学校的办学风格和特色，出于学校改革发展的需要，也可以出于评价者的个人倾向。

---

① 朱德全、宋乃庆，教育统计与测评技术［M］，西南师范大学出版社，1998：97.

评价将可能在"黄金有价"与"玉无价"的张力中进行——"黄金有价"是基于一定的公约数，具有预设性，比如学校的办学特色和育人模式所引得的标准或需求；"玉无价"则表现为个人心理，具有生成性，是一时难有凿凿之言可以证明却有切切之心可以表白的对人才的敬惜与喜爱。而，"黄金有价"总是寓于"玉无价"之中，从而使综合素质评价呈现出人性的特征。"玉无价"，最终也会形成成交价格的，但是它因为缺乏严格的"客观"标准，无从"标价"，必须在反复的议价过程达成最终的一致，这个过程是对话的过程，是解释学的过程。第四代评估将之前的评估界定为现实主义本体论、客观主义认识论、干涉主义方法论，而将自身界定为相对主义本体论、互动性认识论、解释学方法论。相对主义本体论，"通过判定一种复合而又不被自然法则、因果关系等控制的社会建构现实的存在，来对本体论问题进行回答"①；互动性认识论认为，"调查者是人，无法摆脱他们的人性"，"将调查者与调查内容相分离是不可能的。正是由于它们的互相作用才可以产生调查中需要的数据"②；解释学方法论，"最终的实用准则它必须成功地获得对人与人间相互作用的深入了解"③。第四代评估的理论和实践，对综合素质评价有一定的借鉴作用，值得研究。现在说来，综合素质评价似乎费时费力，如果将中考视为教育的公共治理行为，治理的成本确乎太高了。但我们相信，"真实性源于评价什么是最重要的，而非评价什么是最方便的"④。低

---

① ［美］埃贡·G·古贝、伊冯娜·S·林肯，第四代评估［M］，秦霖、蒋燕玲等译，中国人民大学出版社，2008：53.

② 同上，55.

③ 同上，56.

④ ［澳］科林·马什，理解课程的关键概念［M］，徐佳、吴刚平译，教育科学出版社，2009：65.

成本获得低效益甚至负效益，我们仍然可以说，成本是高的。如果处理得法，看上去是综合素质评价的成本，同时有可能就是综合素质评价的效益。我们建议，普通高中进行招生录取工作时，应动员全体教师参与到综合素质评价中，建立与综合素质评价相适应的工作内容、评估机制、管理方法等。众多教师的参加，一方面在保持个体偏好甚至偏见的价值的同时，形成偏好的对话——融合、冲突——和解的生态场，提升偏好的效度；另一方面，使一年一度的中考综合素质评价成为促进学校特色建设、教师专业成长，以及促进学生全面发展的重要机会，有力推进学校育人模式、课程体系、教学方法和学习方式的变革。如此，岂非善莫大焉。

第三是综合素质评价与学业成就测试的关系。我们这里引入"效标关联效度（criterion related validity）"的概念。对效标关联效度的理解比较宽泛，这是由它适用范围的宽泛性决定的。简单说，效标关联效度就是一个测验成绩能否解释另一个测验成绩，或者说，一个测验成绩用以解释另一个测验成绩的有效性的程度如何。它要解释与评估的是，被认为应该是相关联的不同成绩之间的关系。比如说，不同时间段学生的两次数学考试成绩之间的关系如何；职业学校毕业考试成绩与学生就业后业绩之间的关系如何；阅读测试成绩与写作测试成绩之间的关系如何，等等。我们假设并期望，纸笔测试与综合素质评价之间，应该体现出比较高的效标关联效度。如果两者的效标关联效度不高，说明至少出现了下列情形之一：纸笔测试与综合素质评价两方面都出了问题；纸笔测试与综合素质评价的某一方面出了问题；教育目标或者教育目标的实施出了问题；教学目标或者教学目标的实施出了问题；能力表现内容和标准的陈述出了结构性偏差；教学行为与教学目标以及能力表现内容和标准之间缺乏匹配度。纸笔测试与综合素质评价的效标关联效度核检，首先应该分别对纸笔测试与综合素质评价做内容效度的核检，如果基本良好，才可以接下来通过下面双向细目表进行效标关联效度核检。

表7

类别	纸 笔 测 试					
表现性评价	分数段	E	D	C	B	A	表现性评价人数
	A				5	<u>6</u>	11
	B		1	7	<u>14</u>	3	25
	C	1	6	<u>16</u>	4		27
	D	3	<u>12</u>	5	2		22
	E	<u>8</u>	4	1	1	①	15
纸笔测试人数		12	23	29	26	10	100

表7仅为举例。本表说明：

1. 综合素质评价应与纸笔测试处在一个大致相当的时间段，比如同一学年；如果是毕业考试的纸笔测试，表现性评价的时间段可以适当放长。

2. ABCDE，不是等级，而是分数段。C是平均分分数段，A、B是高于平均分分段的两个分数段，E、D是低于平均分分段的两个分数段。为了便于统计，要根据纸笔测试的成绩算出平均分，再将测试成绩分为5个分数段。纸笔测试的成绩描述大多采用分数制，尤其是毕业考试类的纸笔测试，分数段的划分比较容易。困难在于表现性评价分数段的计算方式。综合素质评价一般不采用分数制，而采用等第制；5分制、10分制，其实也是一种等第制。即便是10分制，也难以转换成这里需要的分数段，因为不足6分就是不及格，一般情况下真正能够使用的是10～6分，无法转换成五等分数段。这种情况下，就要用 20 分制，重新描述综合素质评价的成绩。具体操作方法是，首先给所采用的等第确定分数范围，如 ABCD 四等，D 为 12 分以下，C 为 12 ~ 14 分，B 为 15 ~ 17 分，D 为 18 ~ 20 分；然后根据每位学生表现性评价在 ABCD 中给定的等第，重新计分，如 B 等，就在 15 ~ 17 分中赋分；最后，经过统计确定平均分数段，再据此确定 ABDE 所代表的分数段。这样做的好处是，根据原先给定的等第赋分，而不是重新赋分，没有改变原来等第描述的总体格局，比较客观可信；事实上只是在每一个等第中再分出三等，操作起来简易便利，工作量不大。为什么不转换成 100 分制呢？首先，工作量增大，等于重新赋分；其次，综合素质评价不适合采用百分制，等第制保证了综合素质评价成绩描述的必要的弹性（比如说，你给一次演讲打 B 可以，你要是给出 82 分倒反显得有些失据了），这里采用的 20 分制，基本上也是一种等第制。

3. 抽取 100 名学生考察他们参与的纸笔测试与综合素质评价的成绩的效标关联效度。

4. 以加下划线的"16"为例，说明有 16 位同学的纸笔测试与综合素质评价的成绩都处在 C 分数段，也就是都在平均分的分数段。"16"上格的"7"，说明有 7 位同学的纸笔测试成绩的分数段为 C，综合素质评价的成绩为 B。其余数字同理解读。

5. 纸笔测试与综合素质评价效标关联效度的相关系数，以 1 为最高，以 0 为最低。纸笔测试与综合素质评价同为一个分数段的，其效标关联效度的相关系数为 1，表中加下划线的五个数字定为 1。如果一个学生的纸笔测试与综合素质评价成绩一个为 A，一个为 E，则差距最大，如上表中的"①"，其效标关联效度的相关系数为 0。按上表双向细目表，纸笔测试与综合素质评价成绩每错开一个等次，则扣减相关系数 0.25，如"16"上格的"7"，说明有 7 位同学的纸笔测试成绩的分数段为 C，综合素质评价的成绩为 B，错开了一个等次，其相关系数为 1−0.25＝0.75，其余类推。这样我们就可以将同一相关系数累计起来，如相关系数是 1 的有 56 个，那么就将"56×1＝56"带入到上表效标关联效度的相关系数整体考察中，其余类推。上表显示的相关系数 r 为：

$$r = \frac{56 \times 1 + 37 \times 0.75 + 5 \times 0.5 + 1 \times 0.25 + 1 \times 0}{100} = 0.865$$

r＝0.865，说明上表所统计的该次纸笔测试与综合素质评价相互关系较为密切，其效标关联效度是比较好的。

6. 为了直观体现，还可以通过正态分布曲线表示，依据上表下行"纸笔测试人数"与右列"表现性评价人数"，绘制正态分布曲线图。

7. 与纸笔测试不同，综合素质评价用于大规模测评的难度比较高，上表举例的 100 人的抽样，一般更适合在一所学校或一个较小的区域范围内取样。在同一个纸笔测试与不同的综合素质评价任务进行效标关联效度的核检，不宜混成一个表格，而需要对它们分别核检，再在不同表之间进行比对，比如 3 所学校或 3 个较小的区域，就可以分别用 3 个这样的表进行核检，然后综合比较分析，从而发现问题，得出更有价值的结论。

8. 并不是相关系数越高越好，一方面，如果相关系数是 1 或几近于 1 的话，就意味着纸笔测试与综合素质评价可以完全互相证明，同理也就可以互相替代，它们之间相互补充的作用就没有了；另一方面，按照学习理论，相关系数为 1 或几近于 1，既不可能也不科学，基本可以判断主要是综合素质评价出了问题。怎样的相关系数是适合的，具体到我们这里，可能不宜一概而论。以上表的五等划分来看，0.90 ～ 1.00 为相互关系极为密切，0.75 ～ 0.90 为相互关系较为密切，0.60 ～ 0.75 为有一定的相互关系，

0.50~0.60 为略有关系，0.50 以下为关系甚少。当然，这也只是提供一个大概的参照值，我们可以根据对不同的纸笔测试与综合素质评价的效标关联效度的期望值，来制定相应的标准。

9. 综合素质评价的成绩的累计是一项很复杂的工作。我们在第 2 点所讲的分数段的处理方式，是为了表述的便利，假设综合素质评价只有一个表现性评价任务。事实上，综合素质评价的表现性评价任务不止一个，不同种类，不同等级评定方式，在处理时很复杂。比如，如何统一转换成相同的等级评定方式，不同评价任务的权重如何设计等等。总之，简单相加，不合理也不科学。

10. 最后要特别强调的，在研究学业成绩评价与综合素质评价之间的效标关联效度时，起总领作用的应该是综合素质评价。其一，综合素质评价，是中考改革的重点和亮点；我们可以说，通过综合素质评价推进学业成绩评价，而不是反之。这是政策导向。其二，综合素质评价属于表现性评价，表现性评价又称为"替代性评价"，正是指好的表现性评价应该可以取代如纸笔测试等其他教育评价手段。这是专业规定。也就是说，基于对综合素质评价的质量研判，如果综合素质评价的方向性是好的、效度是好的，那么我们就可以引之效标关联效度来鉴证以纸笔测试为主的学业成绩评价的质量如何，从而找出原因，不断改进，整体推进中考改革的科学发展。